El poder de la mirada

El poder de la mirada

al servicio del encuentro

Karla P. Amezcua

ISBN-13: 978-1547132393

ASIN (Amazon Standard Identification Number): 1547132396

Primera edición: Diciembre de 2017

Impresión: Kindle Direct Publishing

Derechos de autor © 2017

Ciudad de México, México

A mi papá, Jorge Amezcua, que en paz descanse. Su ejemplo de heroísmo en el amor y sus muchos consejos inspiraron gran parte de este libro.

A Sonia González, que con su mirada y sus conocimientos compartidos sembró en mi corazón la semilla del apostolado de la mirada.

CONTENIDOS

INTRODUCCIÓN

En los últimos años de mi vida me he llegado a convencer de que la mirada del ser humano es el arma más poderosa, más terrible, más influyente, con mayor potencial destructor o regenerador –según sea el caso-, con la que jamás el hombre haya podido contar. Afirmo esto hoy, en el siglo en el que el armamento nuclear y biológico ha alcanzado potencialidades que han llevado al hombre a temer al mismo hombre.

¿Cómo poder creer que una sola mirada puede más que, por citar sólo un ejemplo, la bomba de Hiroshima? Nos vemos tentados a creer que, cuando hablo del poder de la mirada, hablo en un sentido solamente analógico. ¿Podría una mirada llegar a tanto?

Pues bien, en este libro, busco ofrecer una nueva y más profunda perspectiva de la mirada, con la cual los lectores puedan darse cuenta del arma que portan en su corporeidad, desde el mismo momento en que nacen y pueden hacer uso de ella, hasta el último instante de la vida en que sus ojos se cierren para siempre. Aquí comprenderemos por qué se puede decir, sin miedo a caer en exageraciones fanáticas, que los ojos contienen una potencia infinita, capaz de transformar vidas y de moldear el curso de la historia de la humanidad. Los grandes líderes que cambiaron, siguen y seguirán cambiando el curso de nuestra historia, lo hicieron después de haber sido mirados por alguien. Ese alguien queda en el anonimato y seguramente no era consciente de que, en esa mirada, el mundo entero comenzaría a moverse en una nueva órbita. Ese alguien seguramente nunca supo la trascendencia que tendría el uso que hizo de sus ojos con esa persona concreta. Esos líderes que han modificado nuestra historia, antes tuvieron que haber sido modificados en su interior. Es verdad, la mirada no es el único elemento que puede "modificarnos". Muchas cosas pueden moldearnos, purificarnos, transformarnos:

experiencias dolorosas, el testimonio de otras personas, circunstancias providenciales, etc. Sin embargo, la mirada contiene la semilla de eso que, en todas las experiencias, testimonios o circunstancias nos impulsa a un cambio de vida.

¿Qué me mueve a escribir este libro? En los últimos años de mi vida he tenido la oportunidad de ahondar en el estudio sobre la mirada y el acompañamiento. Ha sido muy emocionante y conmovedor descubrir en todas estas reflexiones una explicación y conceptualización de lo que me sucedió hace más de 15 años cuando decidí dejarlo todo para seguir a Cristo en la vida consagrada. No hay nada más emocionante como descubrir en un libro o en una conferencia de personas estudiadas y conocedoras, las palabras y los nombres de los fenómenos que ocurren en el interior. Es como si, de repente, ese alguien conocedor hubiera leído nuestro corazón y le hubiera encontrado un sentido orgánico a ese revoltijo de emociones, sentimientos y heridas que, hasta entonces, permanecían indescifradas, juzgadas, incomprendidas y reprimidas. Digamos que, en estos años, por medio del estudio de la mirada, me he sentido descubierta. Dice el escultor japonés Etsuro Sotoo que "La obra de arte sólo se termina cuando alguien la contempla". Sólo entonces la obra adquiere su verdadero valor y sentido y sólo entonces queda consumada como una obra de arte. Ésa ha sido mi experiencia al descubrir cómo *La mirada* y *las miradas* han construido lentamente lo que soy o, mejor dicho, me han ido desvelando lo que soy.

Hablando de una mirada en concreto que cambió mi vida, puedo citar la mirada nada más y nada menos que de San Juan Pablo II. Podría escribir otro libro completo sobre la historia de esa mirada y todo lo que se desató después de ese breve instante en el que sus ojos se enfocaron en los míos. Lo que sí puedo decir es que soy testigo en primera persona de que una sola mirada puede cambiar el curso de la historia de una persona. A raíz de las decisiones que tomé después de esa mirada, sé con consciencia clara, que mi mirada también ha cambiado el curso de la historia de muchas personas con las que me he encontrado en distintas partes del mundo. Lo digo sin prepotencia ni presunción, puesto que sé también que mis miradas no siempre han sido edificantes. ¿Y dónde terminará esa cadena de miradas transformadoras? Más aún: ¿dónde empezó? Yo me remito a ese hombre que me miró, San Juan Pablo II. Sin embargo, sé que también él, en algún momento de su vida, fue mirado de tal manera que se convirtió en el santo que es y que lo capacitó para mirar como me miró aquel 4 de enero del 2002. ¡Si tan sólo pudiera agradecer a toda esa cadena de anónimos que me han hecho tantísimo bien y que seguirán haciendo el bien hasta el final de los tiempos!

Por otro lado, no sólo me mueve a escribir el pensar en esas miradas extraordinarias en mi vida. También las miradas de la vida cotidiana van dejando su estela, a veces como un bálsamo que sana y revitaliza; otras veces como una peste que amarga la existencia y hace más pesado el caminar. A fin de cuentas, ¿por qué nos puede afectar tanto una mirada? ¿Cómo y por qué esos dos pequeños órganos del cuerpo humano de mi pareja, de la gente que más amo o de la gente con la que trabajo y me relaciono a diario, pueden influir tanto en mi estado de ánimo, en mis decisiones y en la seguridad y confianza con la que ando por la vida? ¿Qué tienen mis ojos que no tienen mis dedos, por ejemplo, o mi nariz o mi rodilla?

Pero la mirada no es solamente algo que recibo. También es necesario que sea consciente de mi propia mirada. Posiblemente haya quien, al preguntarle cuál es la mirada que más le ha cambiado la vida –para bien o para mal-, responda diciendo mi nombre, tu nombre. ¿Te sorprendería saber que, por tu mirada, has cambiado vidas, o al menos decisiones o estados de ánimo de otras personas? ¿Crees que un cambio de mirada podría darle un giro de 180 grados a esa relación que te tiene tan desgastado? Me asombra mucho constatar cuánto tiempo, dinero y esfuerzo se invierte hoy en día en técnicas y herramientas para la superación personal, para ayudar a las personas que queremos, para sanar relaciones que parecen irremediablemente destruidas, cuando un simple cambio de mirada podría sanar tantas heridas y tantos corazones rotos. Estoy convencida y me consta que la mirada tiene ese potencial.

Claro, suena fácil cuando digo que basta un "simple" cambio de mirada. Si fuera simple, creo que este libro tendría que tener sólo unas cuantas páginas o incluso podría limitarse simplemente a una lista de pasos para lograr ese cambio de mirada. Digo que es simple porque está al alcance de cualquier persona que tenga dos ojos (o uno, si fuera el caso), y un corazón que lata. Por otro lado, no es simple porque exige mucha valentía y también mucha humildad. Al ir leyendo estas páginas el lector irá entendiendo por qué.

Dirijo estas reflexiones a todos los hombres que sienten el peso de no saber mirar con amor y de querer cambiar su mirada. A todas esas personas que han experimentado el poder sanador de una mirada, esperando que este libro pueda ayudarles a conceptualizar lo que ocurrió en su interior para poder entenderlo mejor y explotar mejor ese don del que ya han sido depositarios. También a todas esas personas que han sido heridas por miradas ajenas, dirijo estas reflexiones con la ilusión de reorientar el corazón a La mirada que consuela, sana y regenera todo por dentro.

I. La psicología humana y la mirada

¿Alguna vez te has preguntado en qué aspectos de nuestra persona se refleja lo físico y en qué otros se refleja lo espiritual? Es una pregunta que, a primera instancia, parece un poco tonta y fácil de contestar: diríamos que lo físico se expresa en nuestro cuerpo, en nuestra fisiología, en la salud y todo lo que de nosotros es perceptible por los sentidos. Por otro lado, lo espiritual sería todo lo relacionado con nuestros sentimientos, nuestros pensamientos y criterios de acción. Pero vayamos un poco más a fondo en la pregunta. Por ejemplo, entremos más a fondo en este tema a través del análisis del dolor humano. Recuerdo que, a mis diecisiete años me dio apendicitis. Todo comenzó con un dolor de estómago (dimensión física de mi persona); toda una noche sin poder dormir por el dolor me comenzó a causar preocupación (tal vez ya comenzamos a entrar en la dimensión psicológica- espiritual de mi persona). Desperté a mi mamá temprano en la mañana pidiéndole que me ayudara, que hiciera algo porque estaba desesperada. Ella, sabiendo que yo no suelo quejarme de achaques físicos y consciente de que mi umbral de dolor es muy alto, se preocupó conmigo e inmediatamente contactó al médico de familia. Me hicieron la típica prueba del rebote y, efectivamente, quedó confirmado que tenía apendicitis y que tendrían que operarme lo antes posible. Nunca había estado en un hospital, nunca había tenido que recurrir a un doctor por otra cosa que no fuera tifoidea y varicela. Entrar en ese hospital en una camilla, dejando a mi mamá del otro lado de la puerta y pensando que iban a operarme me causó unas ganas tremendas de llorar. Nunca me había sentido tan vulnerable, tan frágil y tan sola, a pesar de que toda mi familia y amigos estaban al pendiente de mí desde el primer momento en que supieron de mi apendicitis. El dolor físico ya era lo de menos. Lo que más me afectaba en esos momentos previos a la operación era ese peso en mi alma y esa sensación de absoluta desnudez y fragilidad en mi cuerpo. ¿No era acaso mi apéndice la que sufría? Ciertamente, hubo un momento en que no era una parte de mi cuerpo la que sufría: era yo quien sufría, era mi persona, era mi alma. No obstante, en el momento en que mi cuerpo quedó sano, mi alma también recobró consuelo.

Con este ejemplo vemos claramente la conexión tan innegable que existe entre nuestro cuerpo y nuestra alma. Y sintiendo en nosotros mismos esa conexión tan clara y evidente, ¡qué difícil es conectar, a través de nuestro cuerpo, con el alma de las personas que nos rodean! Un médico puede sanar el malestar físico proporcionando el medicamento adecuado y, de esa manera, conectar más o menos con el alma de la persona enferma. Sin embargo, hay muchos males que aquejan al hombre que no se curan con ningún medicamento y que requieren de algo más. ¿Hay algo en mi persona que pueda generar esa conexión con el que sufre? ¿Hay alguna parte de mi cuerpo que pueda servirle a mi alma de puente para llegar al alma de la otra persona?

Veremos en este capítulo cómo los ojos tienen esa capacidad de conectar lo físico y lo espiritual en nuestra alma. ¿Qué hay en los ojos que, cuando se da el cruce de miradas, algo ocurre en el interior y realmente sentimos que hemos sido descubiertos, encontrados, o al menos comprendidos en algún aspecto de nuestra vida? ¿No nos ha pasado que, después de una mirada, sentimos que algo se arregló en nuestro interior? Hablo de los casos en los que la mirada es una mirada de amor, como es de suponerse. Y en contraste, cuánto daño nos puede hacer también una mirada de odio, de desprecio o de subestima. ¿Por qué los ojos de otra persona pueden, de hecho, abrir heridas muy profundas en nuestra alma? ¿Qué clase de poder esconden esos dos pequeños órganos de nuestro cuerpo? ¿No pertenecen al campo meramente fisiológico? Y entonces, ¿por qué tienen tanto impacto en nuestra alma? Y si pertenecen solamente a la dimensión física de las personas, ¿entonces por qué logran mis ojos transmitir los sentimientos y los estados de ánimo que se escondo en mi interior y que, sin ellos, quedarían como aprisionados sin poder darse a conocer a los demás?

Vemos que, cuando hablamos de los ojos y de las miradas, no sabemos en qué terreno nos estamos moviendo: si en el terreno meramente fisiológico, o si estamos más bien en el terreno psicológico, o incluso espiritual y místico. No todos los órganos tienen esa conexión tan directa con ambas dimensiones del ser humano. Pensemos, por ejemplo, en el dedo de una persona que se junta con el dedo de otra persona. Posiblemente genere alguna sensación que pueda llegar a ser espiritual, pero difícilmente alguna de las dos personas podrá decir, después de ese encuentro de dedos, que se siente más conocida y comprendida y que ha podido sanar una herida espiritual que llevaba cargando en soledad. Un encuentro de dedos no cura la soledad.

Yéndome a otro extremo en los ejemplos que presento, ni siquiera en el acto sexual que tiene una prostituta con su cliente se da esa compenetración en la que él o ella se sientan descubiertos en su interior. Si el hombre al que se entrega una mujer en un acto sexual no le mira a los ojos; si no le comunica de alguna manera que ella estará protegida y que no será utilizada, la mujer difícilmente encontrará el placer sexual, mucho menos espiritual. Por el otro lado, si el hombre no percibe en la mirada de la mujer que le está dando entrada no solamente a su cuerpo, sino también al sagrario de su alma, no podrá experimentar el éxtasis de sentirse dueño y señor de ese corazón femenino: se sentirá siempre, en el fondo de su corazón, como un bandido que entra para saquear y llevarse lo que no supo conquistar para sí. Todo esto, no se puede transmitir con el mero contacto genital. Los órganos genitales no contienen en sí mismos el poder de generar esa conexión espiritual que una mirada puede generar.

Si es cierto que el ser humano es un espíritu encarnado, o bien, un cuerpo espiritualizado, los ojos vienen siendo, por excelencia, el órgano conector de ambas dimensiones: alma y cuerpo. Es por ello que se podría decir tanto de la mirada, pues es la puerta del jardín cercado de nuestras almas, y es también la carta de presentación más genuina de todo lo que encierra nuestra persona. La mirada abre la puerta a la belleza del universo interior de las personas y es, al mismo tiempo, un compendio de toda la belleza física del ser humano. ¡Si tan sólo supiéramos encontrar la llave a esa puerta! Si el hombre aprendiera a dominar la mirada podría utilizarla como un arma detonadora de todas las potencias del bien que se encierran en su corazón, y podría también pulirla de tal manera que purifique en nuestro interior todo lo que escondemos de rapiña y podredumbre. Si pudiéramos plasmar esta realidad en una imagen gráfica, podríamos visualizar dos universos que están divididos y al mismo tiempo conectados por medio de los ojos humanos: de un lado de los ojos está el universo interior de la persona que mira; del otro lado está el universo que se presenta frente a sí. Por medio de la mirada, estos dos universos interactúan y pueden comunicarse mutuamente.

Los seres humanos, queramos o no, estamos todo el tiempo tomando decisiones, consciente o inconscientemente. Todo lo que hacemos, decimos o pensamos, son decisiones tomadas en consciencia o en la inercia de los eventos de la vida. Dentro de todas estas decisiones que tomamos en cada momento de manera tan mecánica, está también la decisión que define cómo miramos. Y ese cómo miramos define el grado de interacción y de intercambio de bienes entre un universo y otro. De ahí la importancia de aprender a mirar, de ejercitar la mirada hasta el punto de poder decir que somos dueños y señores soberanos de nuestra mirada, que somos conscientes del tesoro que llevamos en nuestros ojos.

¿Cómo entrar en ese universo que se nos abre con la mirada? El primer paso será tratar de comprender qué es lo que le da esa peculiaridad a esos órganos del cuerpo que llamamos ojos, sus dinamismos interiores, sus procesos y efectos, tanto en el que mira como en el que es mirado. Para mayor claridad, llamaremos "agente activo" al que mira y "agente receptor" al que es mirado. De esta manera se evitarán confusiones y aclaraciones a lo largo del libro que puedan hacer cansada la lectura respecto a la persona de la que se está hablando.

1. Los ojos: la ventana transparente del alma

Muchas veces hemos escuchado gente diciendo que los ojos son la ventana del alma. Entendiendo al alma como el principio vital de los seres animados, constatamos que, por medio de los ojos, un ser vivo es capaz de identificar la vida que hay en los demás seres vivientes. Por medio de la vista, más que por cualquiera de los otros sentidos, puedo percibir el aliento de vida en las personas, animales y vegetales que me rodean. ¿Por qué buscamos la mirada casi de manera instintiva? Y en contraste, ¿por qué otras veces huimos de la mirada como si hubiera en ella algún elemento intimidante, algún mensaje que tal vez no queremos recibir? Incluso cuando me encuentro frente a un ser vivo que tenga ojos, aunque sea un animal, por alguna razón tiendo a buscar ese cruce de miradas. Vaya curiosidad que nos tendría que dejar pensativos.

La mirada de un animal puede en ciertos momentos impulsarnos, alentarnos e incluso movernos de un estado emocional a otro. Puedo citar aquí dos ejemplos. El primero es de Tim Guenard, un autor francés que tuvo un proceso de renovación interior muy fuerte, un llamado a la felicidad después de haber sufrido una niñez miserable. El último recuerdo que tiene de su madre es de aquella noche que ella lo sacó de casa en plena tormenta, lo amarró a un poste de luz en medio del bosque y se fue. Nunca más la volvió a ver. De hecho, la última imagen que tiene de ella es la de sus botas blancas alejándose de él en medio de la lluvia. En esos años posteriores de profunda soledad infantil, con ese hondo sentido de orfandad y abandono despiadado a tan corta edad, un día sintió una mirada: era la mirada compasiva de su perrito después de haber recibido una paliza con la que su papá le había roto casi todos los huesos de las piernas y de la cara. Parecía como si el perro habría querido salirse de su casita para dejarle a él entrar a calentarse un poco. Ahí, por esa mirada del perro, él supo por primera vez que era amado. Podría decir que la mirada de un perro le salvó de la desesperación y se convirtió en un faro de luz y de esperanza que más adelante se transformó en fuerza revitalizadora con la que pudo darle sentido a una vida que no tenía ningún atractivo.

Otro ejemplo de cómo la mirada de un animal puede impulsar al hombre al bien es el de Chris Abani, un joven de Nigeria que sufrió la prisión y torturas. Mucho antes de haber estado en prisión, aun siendo niño, recuerda haber tenido que enfrentarse a una tradición cultural por la que tenía que matar a un cabrito. Era tradición en su país que a los 13 años todos los niños tenían que matar a un cabrito por ellos mismos. Cuando lo mandaron a matar al cabrito, le salió al paso un amigo, un poco mayor que él. Chris estiró la mano para arremeter el cuchillo en el pescuezo del animal, pero la mirada del cabrito le conmovió a tal grado que se sintió totalmente incapaz. El amigo, dándose cuenta de lo que estaba ocurriendo, tomó al cabrito del hocico, tapando con la otra mano sus ojos y le dijo a Chris: "los cabritos tienen la mirada de un niño, es necesario cubrirle los ojos. De lo contrario, nadie sería capaz de matarlos." Si la mirada de un animal puede lograr tanto en el corazón, y finalmente en la vida de las personas, cuánto más la mirada humana tendrá una misteriosa potencia transformadora.

Cuando digo que los ojos son la ventana del alma, lo que quiero afirmar es que esa vida que llevamos dentro tiene, por así decirlo, un huequito en el cuerpo humano por el que uno puede asomarse y contemplar algo de lo que hay dentro. Es inevitable y también es necesario: no podríamos vivir enteramente desconocidos para los demás. Nuestro corazón está hecho para ser conocido, descubierto por otro. Obviamente, hay muchas maneras de llegar a conocer el corazón de las demás personas: las conversaciones, la convivencia, la escucha, etc… pero los ojos son la prueba de toque, la verificación de que lo que escucho y veo que la otra persona hace o deja de hacer es realmente una expresión de su esencia.

Y cosa curiosa, los ojos no sirven como ventana sino solamente hasta el momento en que permiten el contacto visual. Sólo hasta que mis ojos conectan con los ojos de la otra persona, puedo asomarme a su interioridad e intuir lo que lleva dentro. Por eso hay veces que es tan difícil mantenerle la mirada a otra persona. Y es por eso también que muchas veces nos da un vértigo imponente cuando sentimos que alguien nos mira fijamente: porque experimentamos el deseo de alguien por entrar en el sagrario de nuestra alma o de nuestra consciencia. Hace algunos años, durante la plática introductoria de un curso sobre acompañamiento, me pidieron hacer el ejercicio más breve y más difícil que jamás había realizado: con la persona –desconocida- que teníamos al lado, debíamos sostener la mirada por treinta segundos. Sí, muchas veces he sentido que hombres en la calle (especialmente en Sudamérica) me "desnudan" con sus miradas vulgares y esa experiencia es algunas veces intimidante y, obviamente, muy incómoda. Pero esa vez sentí que aquel joven con que tuve que hacer el ejercicio me desnudó el alma dejando al descubierto las fibras más íntimas de mi corazón y de mi consciencia.

¿Por qué será que el contacto visual genera un no sé qué en las emociones y en la psicología? A veces nos incomodamos cuando nos sentimos observados; otras veces nos sentimos importantes o especiales con una sola mirada prolongada de alguien. ¿Por qué hay gente que evita a toda costa el contacto visual? ¿no será porque, a través de la mirada, se genera una cierta conexión o comunicación de aquello que muchas veces preferiríamos mantener en lo secreto de nuestros corazones? De hecho, es inevitable que los ojos reflejen lo que hay en el alma. Incluso en el caso de quienes evitan el contacto visual, se puede ya conocer algo de la persona: tiene miedo de mostrar su vulnerabilidad. En los ojos es imposible no darnos a conocer puesto que, si decidimos abrirnos al contacto visual, estaremos abriendo esa ventana hacia nuestra interioridad; y si decidimos rehusarnos a esa mirada, estaremos transmitiendo ya con esa negación un mensaje acerca de nosotros mismos. Podríamos decir que los ojos son la piedra de toque en el conocimiento de la otra persona. En ellos se nos revela la naturaleza irremediablemente relacional del ser humano. Gracias a nuestros ojos, podemos decir que estamos destinados a transmitir algo de lo que somos a las personas que nos rodean.

Por otro lado, también podemos preguntarnos: ¿por qué una mirada puede herir tanto, o por qué una mirada puede sanar heridas profundas del alma? ¿Cómo es posible que dos órganos tan pequeños del cuerpo humano, al enfocarse en los ojos de otra persona, generen lo que generan, para bien o para mal y que en el interior despierten emociones y convicciones tan profundas? Ciertamente la mirada no contiene ningún químico, no está en ninguna prescripción médica o psiquiátrica, pero ¡vaya que puede acelerar procesos de depresión o de sanación interior, según sea el caso! Por medio de las miradas vemos cómo, en el ser humano, lo fisiológico está intrínsecamente unido a lo espiritual. ¿En qué momento una mirada deja de ser un simple acto fisiológico y comienza a ser un acto espiritual? Siendo los ojos órganos que pertenecen a nuestro cuerpo, en realidad son el puente o la entrada a ese universo que todos llevamos dentro: en ellos confluye lo fisiológico y lo espiritual; lo orgánico y lo emocional. En ellos comienzo a mirar lo que es más externo y superficial, pero puedo terminar entrando en el sagrario del alma e incluso en la consciencia de las personas que me rodean.

Hablando con un lenguaje tal vez perturbador, pienso que la mirada tiene mucha semejanza con el acto sexual entre un hombre y una mujer. Mejor aún, más que semejanza con el acto sexual, pienso que la mirada tiene que ser un elemento tan esencial al acto conyugal como lo es el acto genital, si es que los que se unen buscan el sublime éxtasis de la unión de corazones y no sólo el placer genital. Así como en el acto sexual el hombre "entra" -literalmente- en la mujer y la mujer se abre -

literalmente- para dejar entrar, de la misma manera, cuando hablamos de miradas que van más a fondo y no se quedan en la superficie, vemos cómo las almas se conectan y hay una penetración en el interior del otro (realizada por el agente activo de la mirada), y hay también una aprobación, un abrirse, un prestarse al encuentro (realizada en el agente receptivo de la mirada) que se genera en el cruce de miradas. Y así como en el acto sexual son ambos los que experimentan el éxtasis de la unión y la fusión de corazones, de la misma manera, en el cruce de miradas también se da una especie de éxtasis conectivo en ambos, y ambos, tanto el que mira (agente activo) como el que es mirado (agente receptivo), sufren una especie de *metanoia* espiritual que llega a manifestarse incluso con reacciones fisiológicas. Llega a ser tal el grado de fusión que ya no se distingue quién miró y quién fue mirado. ¿Quién entró en quién? ¿Quién recibió a quién? Ya no hay distinción entre el agente activo y el agente receptivo, pues ambos adquieren ambos roles y ambos se funden en una sola mirada.

Mis ojos, cuando miran desde el odio, el rencor o la rivalidad que pueda haber en el corazón. Pueden -por así decirlo- violar la intimidad ajena, por muy burdo que suene. Penetrando en su interior y pretendiendo interpretar, manipular y publicar lo que reside en el corazón ajeno, no hago otra cosa que violar el santuario de su alma y menospreciarlo hasta hacer sentir a la persona que está sucia, que es detestable, indigna de cualquier mirada de amor. ¿No es esto mismo lo que sienten las mujeres que han sufrido la tragedia de un abuso sexual? Alguien entró sin pedir permiso, tomó de ella lo que no le pertenecía, lo usó para su beneplácito y se fue, dejándola con esa sensación de suciedad y autodesprecio. Cuando el agente activo mira con odio desde la herida interior, hace exactamente lo mismo que un violador: entra sin permiso, arrebata lo que quedaba de bueno en el agente receptivo y, a través de la penetración de los ojos, el agente activo le escupe su podredumbre, contagiándole su herida y convenciéndole de que no es digna de ser tomada en serio. El agente activo, entonces, lejos de sanar su propia herida (esa herida que le lleva a actuar a veces con incoherencia o cerrazón), se confirma en su ineptitud para el amor verdadero. Consciente o inconscientemente, esa mirada humillante y destructora incapacita para la sanación, haciendo la herida más grande y también más contagiosa. El agente receptivo se queda roto por dentro: algo se desmoronó y ahora tiene que buscar la manera de habitar en las ruinas de lo que esa mirada ha demolido. El grado de destrucción que sufre el agente receptor varía según el grado de intensidad de la mirada y de conexión que se haya generado entre las dos personas. El agente receptor tendrá que volver a construir lo que esa mirada destruyó, aparte del trabajo que ya de por sí debía hacer para remediar sus limitaciones que llevaron al agente activo a mirarle con tal desprecio.

Por otro lado, la mirada de odio o de desprecio también tiene sus repercusiones en el agente activo. Mientras éste mira con desprecio, se incapacita a sí mismo para aprender a mirar en profundidad al alma, quedándose en la superficie de lo que es la persona. Ciertamente, nuestros defectos son solamente los síntomas de las heridas que llevamos en nuestro interior. Pretender juzgar a las personas y ponerles etiquetas de "Él es un mentiroso, ella es una irresponsable, etc..." por sus defectos, es tan absurdo como sería que un médico juzgara de sucia a una persona que tiene pus en una herida. ¿Es acaso ese pus lo que define a la persona? Mirar con desprecio nos vuelve torpes en el discernimiento y en las relaciones humanas, pues hacen que quien mira se salte todo un proceso de interiorización y reflexión que capacita para la empatía en momentos de dificultad en las relaciones humanas para pasar inmediatamente al juicio cruel y, por lo tanto, siempre carente de objetividad.

En cambio, cuando la mirada del agente activo está llena de amor y es bien acogida, puede entrar en el santuario interior de la persona a la que mira y contemplar, maravillándose y validando lo que la persona es en su esencia. Incluso cuando el agente receptivo se muestra indigno de esa mirada compasiva, al recibir una mirada de amor (y especialmente en momentos en los que tal vez esperaba ser mirado con desprecio) queda, por así decirlo, desarmado, liberado para soltar aquello que le hacía indigno de dicha mirada. Lejos de escupirle podredumbre el agente activo, es como si su mirada le diera el bálsamo que necesita para curar aquella herida que la hacía objetivamente merecedor del desprecio.

Usando la analogía de una mancha en un cristal, podemos pensar que, cuando el agente activo es capaz de mirar no sólo la mancha que hay en el alma del agente receptivo, sino más allá e incluso a través de la mancha, entonces digamos que esa mancha purifica la mirada y hace que sea más acertada: paradójicamente, esa mancha limpia los ojos y el corazón capacitándola para ver con más profundidad. Las "manchas" o defectos en las personas ajenas nos ofrecen oportunidades privilegiadas para ejercitar nuestra mirada al grado de poder volvernos capaces de ver la bondad que, de hecho, se esconde en todos los corazones humanos. Se podría decir que los defectos ajenos nos capacitan para ver con los ojos de Dios; para ver lo que Dios ve, y no solamente lo que los hombres ven. ¡Y qué privilegio tener la visión de Dios! Sí, Dios ve los defectos. Pero ve también nuestra vulnerabilidad interior, ve las historias que hay detrás de cada "mancha" y logra ver dichas "manchas" como una manifestación de una herida interior que clama hacia el exterior pidiendo un médico que la sane. Cuántas veces, al ser pillados cometiendo un error, pedimos clemencia y buscamos justificarnos con las circunstancias por las que estamos pasando. Esa justificación, aunque muchas veces puede ser un auto engaño, otras veces tiene algo de verdad: posiblemente estamos pasando por un momento muy difícil que genera en nosotros un estado de mayor irritabilidad; puede ser que hayamos recibido una muy mala noticia y que nos cueste mucha virtud el hacer la preocupación a un lado para enfocarnos en el momento presente... En esos momentos, es natural que esperemos misericordia por parte de Dios y también por parte de los demás. Pero tal vez haya otras veces que simplemente no nos dio la gana obrar como sabíamos que debíamos obrar, y que no encontramos cómo justificarnos ni siquiera frente a nosotros mismos. Y sin embargo, en esos casos también pedimos misericordia. Ahí también buscamos una mirada que sea capaz de perdonarnos con un amor puro, inocente, que pueda asegurarnos que nunca es tarde para volver a empezar. Para Dios, que ve todo lo que hay en nuestro interior, y que es infinitamente bondadoso y misericordioso, es un deleite derramar su perdón y su amor incondicional sobre nosotros con una mirada de amor. ¿Cuántos hombres son capaces de penetrar con su mirada en el corazón del que le ofende hasta empatizar con el que, sufriendo, hace sufrir a los demás? ¿Qué pasaría si fuéramos capaces de ver en los demás esa bondad que mueve a Dios a perdonar con tal generosidad y ternura?

Cada vez que vemos los defectos ajenos, tenemos frente a nosotros una ocasión preciosa para ejercitar nuestra mirada y hacerla más profunda. Cada vez que veo los defectos ajenos, mi alma se revela a través de mi mirada, pues en ella desenmascaro mis muchas heridas internas que no me dejan ver más allá. Por otro lado, cada vez que veo los defectos ajenos tengo también la posibilidad de ver el alma de la otra persona, siempre y cuando esté dispuesto a mirar con ojos purificados. Mis ojos serán una ventana transparente, tanto para ver como para dejarme mirar, en la medida en la que sane mis heridas emocionales pues, como dice Romano Guardini, los ojos miran desde el corazón.

En fin, se puede decir que en mi mirada puedo llegar a conocer a la persona que tengo frente a mí, pero también puedo llegar a conocerme a mí mismo; puedo descubrir las heridas tanto en el corazón que miro como en el corazón desde el que miro.

2. El trayecto de las emociones

Inevitable es llegar a la conclusión de que, por medio de los ojos, se nos abre un abismo hacia el interior tanto de la persona que mira, como de la persona que es mirada. Todas nuestras miradas comunican algo. Incluso cuando no pretendemos comunicar nada, estamos comunicando algo. Nuestra condición de seres en constante comunicación es irremediable pues, incluso cuando me aíslo, cuando no quiero que nadie sepa nada de mí, cuando evito cruzar miradas, estoy comunicando algo de mí. Esa indiferencia y deseo de evasión salta irremediablemente a la vista; salta a través de la vista: revela los miedos interiores, la fragilidad o tal vez el pudor espiritual que no puede no reflejarse en la mirada como un mecanismo de defensa ante el peligro que experimenta el alma de ser descubierta, de ser finalmente desenmascarada.

Las miradas que se conectan, de alguna manera misteriosa pero profundamente real, crean entre ellas una especie de puente o "cable" espiritual por el que comienzan a fluir emociones que estaban escondidas en el fondo de ambos corazones. Si pudiéramos ver ese cable, veríamos que va desde el corazón de una persona, sale por sus ojos para entrar por los ojos de la otra persona hasta llegar a su corazón generando una conexión espiritual que tiene implicaciones incluso fisiológicas. Tan es así que puedes hacer la prueba: te reto a que hagas el ejercicio de los treinta segundos con algún conocido. Pídele a otra persona que se regalen mutuamente una mirada de 30 segundos en la que ambos busquen transmitir, con la sola mirada, sin palabras ni gestos, el sentimiento más hondo que lleven en el corazón. ¡Haz el experimento! Te aseguro que tu cuerpo, y especialmente tu corazón, comenzará a reaccionar de alguna manera. Seguramente cambiará tu ritmo cardíaco; tal vez las mejillas se sonrojarán o alguno de los dos —o los dos- comenzarán a sentir que les falta el aire. Las reacciones fisiológicas pueden variar de persona a persona, pero siempre salen a flote. La sola mirada es, por sí sola, un desahogo del alma y un canal para liberar emociones que muchas veces se quedan atoradas; en la mirada puedo descargar en la otra persona eso que me pesa en el corazón o eso que me hace volar.

Todo esto pasa aun cuando no somos conscientes de ello. Simplemente pasa. Una cosa es la elocuencia de los actos y las miradas, y otra la ceguera para percibir esa elocuencia. Las miradas son siempre elocuentes, sólo que a veces no sabemos descifrar su elocuencia. Una de las motivaciones que me movieron a escribir este libro fue la de desarrollar en el lector la capacidad de percibir todos estos movimientos interiores y exteriores entre las dos personas que se miran, o al menos despertar la curiosidad por conocer más acerca de estos procesos interiores y exteriores. Gran parte de ese analfabetismo emocional del que tanto se habla hoy en día, reside en la falta de consciencia de los efectos fisiológicos y espirituales que una sola mirada puede generar en los corazones de los que se miran. ¡No sabemos leer nuestro cuerpo! No sabemos interpretar las señales que nos manda y las pasamos por alto como si fueran *tics* o reacciones aisladas sin causa ni conexión con nada que merezca nuestra atención.

Si es verdad que los ojos miran desde el corazón, entonces tenemos que ser conscientes del gran papel que las emociones juegan en el momento en que miro a los ojos a una persona. Las emociones son, por así decirlo, un filtro que le da un matiz único a todo lo que veo. El mundo, aunque tiene sus realidades objetivas, es percibido por mí de manera completamente distinta de cómo lo perciben los demás, pues cada uno mira desde el filtro de sus emociones, de manera que todo queda impregnado de un tono distinto. De la misma manera que en las películas se puede elegir un filtro que altera los niveles y los colores de la luz que ilumina la escena, de esa misma manera nuestras emociones, las creencias personales y todo lo que se mueve en nuestro mundo interior alteran, no la realidad, pero sí la interpretación que damos a la realidad. Las emociones que llevo dentro muchas veces no me permiten mirar a la persona que tengo en frente, aunque aparentemente esté mirándola fijamente a los ojos. A veces miramos tan desde nuestro corazón, que en realidad nuestro enfoque no está en la persona que tenemos delante, sino en la emoción que nos produce la persona. ¿Cuántas veces no nos ha pasado que nos sentimos juzgados incluso antes de empezar una conversación con alguien? No importa lo que digamos; no importa lo que hagamos o las razones que demos: ya la persona tiene decretado el veredicto final y su mirada no lo puede disimular. Cuántas veces no hemos sido nosotros mismos los jueces implacables que sentenciamos por *default* y, aunque finjamos estar escuchando, en realidad lo único que hacemos es guardar silencio para cumplir con el trámite antes de firmar el veredicto.

Qué cierto es que en mi forma de ver el mundo puedo llegar a conocer mucho de mí mismo. Una vez le escuché a un sacerdote una historia que me ha marcado hasta el día de hoy. Contaba que había una vez un perrito que vivía todo el tiempo enojado y no tenía amigos. Vivía solo y vagaba por el mundo siempre con una mala cara. Todos le huían pues percibían su mal humor y no querían acercarse a él por miedo a que reaccionara violentamente. Un día, el perrito se sentía tan solo, que decidió entrar en una casa abandonada que se le cruzó por el camino. Pensaba que tal vez ahí encontraría al menos un refugio, un lugar donde pudiera librarse de toda esa gente mala que no lo entendía. Sólo quería estar solo y descansar un poco del fastidio del mundo que le rodeaba. Para su sorpresa, al entrar en esa casa, se encontró con muchos otros perritos. De hecho, nunca había visto tantos perritos juntos. Los miró con sospecha, ya que ellos le miraban igual, como en reclamo por estar invadiendo su espacio. Inmediatamente percibió que no era bien recibido porque todos comenzaron a ladrarle en el momento en que él les ladró para decirles que lo dejaran en paz. No encontró ningún perrito que pudiera acogerlo: todos eran unos desgraciados malhumorados. Entonces salió con despecho de esa casa y siguió vagando por el mundo. Esa misma tarde, se cruzó por su camino otro perrito que parecía muy alegre y amigable. El extraño lo saludó y le preguntó de dónde venía. El perrito amargado le contó lo que acababa de presenciar en aquella casa abandonada. Le aconsejó que por nada del mundo se metiera allí, pues no iba a encontrar más que rechazo, enojo y antipatía. "Todos los perros son iguales" le dijo al perrito alegre que lo escuchaba consternado y un poco confundido. Al despedirse, el perrito alegre decidió ignorar el consejo del otro perrito, pensando que tal vez podría ir a ayudar a los perritos que seguramente estaban tristes o enojados por alguna razón. Llegó a la casa, vio la puerta abierta y, un poco temeroso entró tratando de no hacer ruido. Pensó en mostrar cara afable para que los perritos supieran que venía en son de paz. Para su sorpresa, todos los demás perritos estaban ahí, mirándolo con curiosidad y con cierta ilusión por conocer a alguien nuevo. ¡Parecían todos como esperando encontrar a un nuevo amigo, listos para acogerlo como a un nuevo miembro de la familia! Él, levantando las orejas y meneando su colita, se alegró profundamente al ver que todos hacían lo mismo. Todos brincaban de emoción y ladraban llenos de alegría. El otro perrito amargado, había decidido seguir al perrito alegre, pero decidió no entrar a la casa pues lo que menos quería era volverse a encontrar con todos esos perros amargados. Para su sorpresa, al mirar por la ventana se dio cuenta de que, en la casa, no había más que un solo perrito. ¡Era una casa de espejos!

Podemos imaginar el baldazo de agua fría que habrá experimentado el perrito amargado y, con el perrito, tal vez tú, al leer la historia, al igual que yo al escuchar el cuento por primera vez. Es que es tan cierto que vemos el mundo desde nuestro mundo interior y al juzgar el mundo que nos rodea no hacemos otra cosa que proyectarnos a nosotros mismos. Por eso siempre he pensado que, si quiero conocer el interior de una persona, basta con preguntarle qué opina del mundo y de las personas que le rodean. Con ello me daré una clara idea de las emociones que predominan en su interior.

3. Niveles de miradas

Después de haber reflexionado sobre la relación que hay entre la mirada y las emociones que albergamos en nuestro interior, y después de haber visto cómo la mirada es el canal por el que pasan las emociones desde un corazón hasta el corazón del otro formando así una conexión profunda entre las dos personas, podemos deducir que estas conexiones serán más o menos fuertes dependiendo del grado de descarga emocional que se realiza en la mirada. Podríamos así hablar de niveles de miradas: no sólo por el grado de conexión que generan con la otra persona, sino también por el tipo de conexión que generan. El grado de conexión se define por la intensidad de la carga emocional; el tipo de conexión se mido por el tipo de emoción que se descarga sobre la otra persona. A veces una mirada de desprecio puede contener el mismo nivel de carga emocional que una mirada de amor incondicional pero ciertamente el tipo de emoción que está en juego determinará el efecto que dicha mirada tendrá en las personas. Es fácil intuir el tipo de miradas que, por su efecto destructivo tanto en el agente activo como en el pasivo, se ubican en los niveles más bajos de las miradas. Conforme más vamos ejercitando la mirada, más podemos ir subiendo los peldaños y pasando por los distintos niveles de miradas que se explicarán a continuación. Esto no significa que, una vez llegado al nivel de la mirada responsiva sobrenatural (que es el nivel de mirada más alto, como veremos más adelante), desaparecen del todo los otros tipos de miradas. Es una ascensión que está siempre sujeta a la libertad humana y, por lo tanto, necesita de un constante ejercitarse, pulirse y formarse para no volver a bajar los peldaños. Sin embargo, también es cierto que, conforme más ejercitamos la mirada, más y más fácil se hace mantenerse en un nivel como un estado habitual. ¡Y es que así es en todo lo concerniente a la vida del hombre! Mi papá siempre me decía que para todo, sea algo bueno o algo malo, la segunda vez siempre es más fácil que la primera: si se trata de fumar, la segunda vez es más fácil que la primera; si se trata de determinarse por hacer ejercicio, la segunda vez es más fácil que la primera. De la misma manera, mirar desde el fondo el corazón y hasta el fondo del corazón del otro será siempre más fácil la segunda vez que la primera.

Ahora bien, creo importante explicar estos niveles para que nos sirvan como puntos de referencia. Al reflexionar en un tema de crecimiento espiritual, siempre es muy útil tener algún parámetro que nos ayude a medir el progreso que podamos ir teniendo. Estos niveles pueden servirnos como una especie de termómetros para medir qué tanto estamos ejercitando la mirada y qué tanto estamos realmente dando pasos hacia adelante.

Mirada instintiva irracional

Este nivel es el nivel más bajo, en el que todos los hombres comienzan a practicar la mirada por el simple hecho de tener ojos que ven. Evidentemente, el simple hecho de tener ojos nos obliga a mirar en todo momento. No podemos prescindir de esa función. Claro, es verdad que podríamos taparnos los ojos y andar así por la calle. Lo que quiero decir es que es una función que realizamos de manera tan natural como el respirar. Aun las personas que no ejercitan su mirada, se encuentran en este nivel utilizando sus ojos desde su función meramente fisiológica.

En este nivel la persona no es consciente en absoluto de que está mirando, como tampoco es consciente del buen o el mal uso que hace de sus ojos al mirar a las personas que le rodean. Es el nivel en el que miramos según nuestros impulsos naturales y en el que no hay nada de reflexión, intencionalidad ni auto-crítica involucrada. No hay tampoco un proceso selectivo en la mirada: se mira todo y todo lo que se mira se le ve de manera indistinta, inconsciente y superficial. No digo que no incluya la capacidad de asombrarse ante lo que pueda ver, sino que es una mirada que ni siquiera en el asombro se ejercita a sí misma ni busca mirar con más atención y empeño; simplemente se deja llevar por el impulso del asombro. Si es un asombro por algún estímulo positivo, su mirada es explosiva y desbordante, en mayor o menor grado, según la personalidad del agente activo; si es asombro por algún estímulo negativo, la mirada del agente activo reflejará irreflexivamente las emociones que experimente en su interior. En esta mirada no hay un espacio de tiempo y reflexión entre el estímulo y la mirada: en cuanto se recibe el estímulo, las sensaciones que éste genera en el interior del agente activo inmediatamente se manifiestan hacia el exterior por medio de la mirada y otros gestos corporales.

Nos encontramos en este nivel siempre que nos sorprendemos sinceramente cuando alguien nos dice que le miramos muy feo, o cuando nos dicen que nuestra mirada les hizo caer en la cuenta de algo. El simple hecho de sorprendernos, nos hace ver que nuestra mirada, por muy noble o hiriente que haya sido, a fin de cuentas, fue totalmente impulsiva e irreflexiva. Podríamos decir que no hubo culpa, en el sentido de que no hubo mala intención, pero sí hubo culpa en el sentido de que no hubo tampoco una buena intencionalidad, algún esfuerzo consciente por purificar la mirada.

Algunas preguntas de reflexión nos pueden ayudar a identificar si en algunos momentos nos estancamos en este nivel de mirada: ¿Me pasa frecuentemente que al decirme la gente que les miré feo, yo me sorprenda y realmente no tenga idea de en qué momento pude haberlos mirado feo? ¿alguna vez me he propuesto lanzar una mirada con algún propósito entre manos (ya sea positivo o negativo)? ¿cómo miro a las personas cuando estoy enojado? ¿conozco el cambio que mi mirada puede tener según mis distintos estados de ánimo, o nunca me había puesto a pensar en ello? Este tema de la mirada, ¿me resulta algo completamente nuevo en mi vida?

Mirada reactiva intencional

En este nivel están las personas que son conscientes del poder que tiene su mirada y se han decidido a utilizarlo como un arma a su favor. Ya no hay esa inconsciencia o irreflexión que había en el nivel de la mirada impulsiva irracional. En este nivel, la auto-consciencia hace a la persona capaz de proponerse cambiar su mirada para obtener algo a cambio. El agente activo ahora se percata del poder que tiene su mirada y se dispone a utilizar ese poder de manera consciente y programada. Podría decirse que es un paso hacia adelante en cuanto a que hay una mayor consciencia del potencial que se posee. Sin embargo, la mirada del agente activo es más una reacción que una respuesta. ¿Cuál es la diferencia entre una reacción y una respuesta? La reacción es un mecanismo de defensa y busca sacar un beneficio personal; la respuesta implica exponer la propia vulnerabilidad y es un don para la otra persona; en la reacción la motivación principal es el miedo; en la respuesta, la motivación principal es el amor; la reacción brota desde la desconfianza, mientras que la respuesta brota de la confianza en la bondad de la otra persona; la reacción brota del enojo y la frustración y queda infecunda, mientras que la respuesta brota de la reflexión serena y audaz que la hace fecunda; la reacción es impaciente y no se permite lapsos de tiempo pues la persona que reacciona en realidad no es libre: la necesidad de reaccionar la domina; la respuesta parece no tener prisa, se toma su tiempo hasta que logra expresarse como tal en un clima espiritual de plena soberanía y libertad interior. En fin, la reacción nos desintegra y perturba el proceso de crecimiento interior, mientras que la respuesta es un paso hacia adelante en el proceso de sanación de heridas, integración personal y madurez tanto espiritual como humana.

Bajo este prisma, entendemos por qué quise llamar este nivel como el de la mirada "reactiva intencional": es reactiva y no responsiva; es intencional porque sabe lo que quiere, pero lo busca bajo la presión propia de toda reacción, sin la debida y necesaria libertad interior. La mirada reactiva intencional es aquella que tiene la intención de lastimar al agente receptivo. Busca vengarse, herir o al menos dar lecciones por medios ásperos que en realidad no hacen más que entorpecer las relaciones humanas. Por tratarse de una reacción, es una mirada que parte del egoísmo, que tiene miedo de perder algo de sí misma y reacciona para defenderse y justificarse, más que para darse y ceder ante el agente receptivo.

Nos situamos en este nivel de mirada siempre que, en lo secreto de nuestra consciencia, planeamos lanzar una mirada determinada en cuanto la persona aparezca frente a nosotros, con la aguda intención de transmitir un mensaje que interpele a la otra persona y que la haga caer en la cuenta del daño que hizo. Por ejemplo: si tengo una cita con una amiga y estoy esperando a que llegue y pasan los minutos y no llega, puede ser que en mi interior me surja el deseo de lanzarle con la sola mirada un mensaje de: "¿cómo es que no te da pena hacerme esto y dejarme esperando todo este tiempo?". ¡Vaya que somos eficaces enviando este tipo de mensajes a nuestros interlocutores! Especialmente si no nos habituamos a ejercitar la mirada en cada momento y de manera especial en los momentos en los que distinguimos que surgen emociones fuertes en nuestro interior.

Lo paradójico de este nivel es que, mientras más busca el agente activo hacer reflexionar al agente receptivo, su mirada punzante no hará más que generar hostilidad en la otra persona, creando así un ambiente de tensión que, lejos de mejorar la relación y la actitud del agente pasivo, la acorrala y la sofoca, dejando a ambas personas -tanto al agente activo como al agente receptivo- con menos y menos libertad interior para reconocer sus faltas y recomenzar el camino de reconciliación. El agente receptivo se siente juzgado y, con ello, no se siente en el ambiente propicio para reconocer su debilidad; se pone a la defensiva para evitar más juicios hirientes y busca, a como dé lugar, justificación a sus acciones. Por su parte, el agente activo constata que la persona no tiene la menor intención de cambiar y se frustra más, experimentando cada vez más y más frustración interior al constatar que la persona no cambia y, lo que es más hiriente, que no quiere cambiar. A fin de cuentas, ¿quién tiene más error en este punto de la relación?

Puede ser oportuno aquí hacernos algunas preguntas para la reflexión personal: ¿comprendo la diferencia entre reaccionar y responder? Ante las respuestas decepcionantes de las personas con las que convivimos; ante las sorpresas que desajustan nuestros planes personales y que nos obligan a salir de nuestra zona de confort, ¿suelo reaccionar o responder? ¿Suelo hacer o decir cosas de las que luego me arrepiento por no haberme dado el tiempo de pensar antes de obrar? ¿Tengo el hábito de reflexionar antes de actuar? ¿Dejo un espacio de tiempo entre el problema presentado y la solución, o siempre me dejo llevar por el inmediatismo? ¿Me considero intolerante cuando alguna circunstancia me obliga a habitar en el conflicto y en la herida? ¿He aprendido a sentirme cómodo en la incomodidad?

Reflexionar en estas preguntas puede ser de gran ayuda para conocer nuestras falencias en la mirada y poder ejercitarla de tal modo y con tal auto conocimiento que nos sea más fácil dar un paso hacia el siguiente nivel de mirada. Estas preguntas, al movernos a un cambio de mirada, también nos pueden ayudar a ejercitarnos en la resiliencia interior: esa capacidad de sobreponerse ante períodos de dolor emocional y situaciones adversas.

Mirada responsiva intencional

Este nivel de mirada es intencional, al igual que el de la mirada reactiva intencional. La diferencia está en que es una respuesta y no una reacción. Considerando la explicación dada anteriormente acerca de la diferencia entre una reacción y una respuesta, podemos deducir que, en este nivel de mirada, el agente activo es menos impulsivo y más reflexivo.

Se da el tiempo para reflexionar qué será lo mejor, cómo responder de la mejor manera para sanar, y evitar hacer que las posibles heridas se hagan más grandes. El agente activo, en este nivel de mirada, busca que su respuesta y su mirada le lleven a ser parte de la solución y no del problema. La persona en este nivel ya no busca tanto dar lecciones al agente receptivo; entiende que, sólo en la medida en que el agente receptivo se sienta amado y aceptado, así como es, será capaz de cambiar esos defectos y entonces el agente activo buscará ayudarle a darse cuenta de sus defectos, no porque le incomoden o le fastidien, sino porque quiere su bien desinteresadamente.

Podemos decir que hemos alcanzado este nivel de mirada cuando nos vemos a nosotros mismos reflexionando antes de actuar y frenando conscientemente esas reacciones naturales con las que, en otras ocasiones, habríamos salido al paso. El nivel de virtud en este nivel es alto, pues dejar ese espacio de tiempo y de reflexión entre el estímulo y la reacción -o, en este caso, la respuesta- exige mucha abnegación y, como dice el dicho, implica muchas veces "morderse la lengua" y mantener la rienda cortita para que el potro salvaje que todos llevamos dentro no se desboque.

En este nivel, el agente activo logra pillarse a sí mismo tramando alguna mirada reactiva intencional y logra refrenarse en esa frustración e impaciencia de querer, a como dé lugar, que la otra persona reconozca sus faltas y cambie sus actitudes. Logra -aunque a veces con trabajos- contener las ganas de lanzar el reproche con la mirada porque, aunque ahora es capaz de cambiar la mirada, su corazón aún alberga esas emociones y esa necesidad de cambiar a la persona que le ofende o le hace sentir mal. En esta mirada, el agente activo intercepta el mensaje que pasa a través de ese cable imaginario que va desde su corazón hasta el corazón del agente receptivo y lo reconfigura, de manera que el enojo que reside en su corazón no logre salir por sus ojos, sino que se desvíe para salir por otros medios más adecuados, mientras que la mirada logra expresar un nuevo mensaje reconfigurado, purificado y trabajado en el interior como una opción para sanar y reconciliar.

En este nivel, el agente receptivo se siente amado, aunque tal vez perciba aún que el agente activo está soportándole con paciencia y con mucha virtud. El agente receptivo agradece el esfuerzo por no juzgar aunque, consciente o inconscientemente, su psicología logra intuir que el amor que está recibiendo en esa mirada no brota desde el fondo del corazón, sino que es un amor volitivo: es decir, que nace en la voluntad y no en el corazón.

¿No nos ha pasado que vemos que, después de haber fastidiado a alguien con alguno de nuestros muchos defectos, ese alguien logra responder con caridad, pero no es capaz de disimular la virtud que le implica? ¿Cómo nos sentimos en esos momentos? Ciertamente, las emociones que brotan en el corazón no son tan desoladoras como las que brotan cuando las personas reaccionan con reproches sin el más mínimo esfuerzo por disimular que no nos pueden ver ni en pintura. Sin embargo, ¿a quién le complace saber que las personas tienen que soportarle con paciencia como quien lleva un bulto muy pesado a cuestas y se propone no quejarse para ser más virtuoso? ¡Nadie quiere ser un yugo para los demás! En el fondo, lo que nos hace felices no es la paciencia de los demás sólo su amor incondicional, alegre y genuinamente desinteresado. No es lo mismo, y es importante aclararlo, pues muchas veces veo a personas de Iglesia, incluso almas consagradas o sacerdotes, convencidos de que están amando, cuando en realidad lo que están haciendo es ejercer la virtud de la paciencia y no más. El amor implica un cambio, no sólo de mirada, sino de corazón. La paciencia se fija en no faltar en los actos externos, mientras que el amor cuida la raíz de todos esos actos, que reside en el corazón.

Mirada responsiva natural

Dado que el amor implica un cambio de corazón y no solamente de mirada, comprendemos que al nivel anterior -mirada responsiva intencional- aún le queda mucho por purificar pues, aunque la mirada está cargada de una buena intención, aún no está enraizada en el corazón. De hecho, hay una clara desconexión puesto que los ojos transmiten algo muy distinto de lo que se experimenta en el corazón. Este nivel de mirada, en cambio, es aquél en el que el corazón, reeducado y purificado, mantiene una conexión íntima con los ojos. En este nivel, a diferencia del de la mirada responsiva intencional, la persona ya no necesita tanta virtud para cambiar su mirada, pues la raíz está sanada y la mirada de amor brota de manera más natural. Alguna vez aprendí en clases de Teología que es más virtuoso quien ejerce actos de virtud sin dificultad que quien tiene que luchar contra su propia naturaleza para realizar actos virtuosos. Esto me sorprendió, pues siempre había pensado que, cuanto más me costara el hacer una buena obra, más virtuosa era. La razón de esto está en que el hecho de realizar un acto de virtud sin dificultad, habla mucho del trabajo que la persona ha realizado a lo largo de su vida, al grado de ser capaz de realizar dichos actos casi sin el menor esfuerzo, como algo natural e incluso espontáneo. De esta misma manera, hablamos de naturalidad en la mirada cuando ésta brota directamente del corazón; cuando ya la persona no tiene que "interceptar" y desviar las pasiones adversas, ni tiene que andar recalculando y purificando la mirada.

El agente activo ha comprendido finalmente que no puede cambiar a la otra persona y que, de hecho, no le corresponde cambiarla. La experiencia le ha mostrado que, de hecho, es poco inteligente gastar energías y someterse al desgaste emocional de querer cambiar al otro, cuando ya de por sí cambiarse a uno mismo implica bastante esfuerzo. Entiende que lo único que le corresponde y que, de hecho, la manera más eficaz de lograr en la otra persona algo de transformación, es aceptarla así como es, haciendo que se sienta amada, no sólo *a pesar* de sus limitaciones, sino precisamente *en* sus limitaciones. Entiende que el amor incondicional ya ni siquiera necesita paciencia, pues ha aprendido a vivir y a convivir con las miserias del otro, abrazándolas e integrándolas en su propia vida como parte de su cotidianidad.

Conviene aquí contar una anécdota que me dejó muchas lecciones hace algunos años. Dando dirección espiritual a señoras, una vez llegó a mi oficina una señora muy joven y muy amargada para su edad. Llevaba dos meses de casada y el castillo interior se le derrumbó desde la luna de miel, al grado de estar considerando seriamente la posibilidad del divorcio. Me decía desesperada que debió haber intuido en el noviazgo que las diferencias de personalidad entre ella y su marido iban a impedirles ser una pareja feliz. Ella era una persona sumamente organizada, sistemática, puntual, cautelosa y con una necesidad muy grande de certeza en la vida. Él, todo lo contrario, una persona más espontánea, abierto y flexible ante imprevistos y cambios de planes, un tanto autosuficiente y con una necesidad muy grande de variedad en la vida (cabe mencionar que estas dos necesidades, la de certeza y variedad, son necesidades humanas propias de todo ser humano pero que se contraponen, pues la primera busca lo estable y seguro y la otra se mueve en ambientes cambiantes e imprevisibles). Me contó que, en la luna de miel, ella llegó muy ilusionada con el itinerario de cada día organizado. Había planeado el horario de cada día tomando en cuenta el tiempo de trayectos entre un museo y otro, entre la playa y el restaurante, los tiempos de descanso y de diversión, tratando de balancear el horario de cada día para que los dos pudieran tener la luna de miel que soñaban. El primer día se subieron al carro listos para visitar el primer museo. Aunque ella llevaba las indicaciones impresas, él simplemente las leyó y comenzó a manejar. Ella se empezó a estresar cuando vio que él se salió de la ruta pero él insistió en que debía de haber un camino más corto pues percibía que esas indicaciones le harían dar una vuelta innecesaria por toda la ciudad. Ella, en un primer momento quiso confiar. Sin embargo, pasaban los minutos y las horas y se les estaba yendo casi toda la mañana vagando por la ciudad sin llegar a ningún lugar. Él parecía disfrutar del paseo, mientras que ella sacaba fuego por todos los poros. Y así fueron casi todos los días de su luna de miel. En la noche llegaban cansados al hotel habiendo hecho, si acaso, una tercera parte de lo que habían planeado. La última noche tuvieron que dormir en espacios separados pues no podían estar juntos.

Al llegar de su luna de miel, ella se propuso trabajar en la paciencia con su esposo pero, por más que lo intentaba, le resultaba muy difícil y siempre terminaba reprochándole su falta de consideración. Él le insistía que no todo tenía que estar medido y calculado con tanto detalle, que la vida era demasiado bella y que ella debía aprender a dejarse sorprender por lo que viniera. En esa primera dirección espiritual le di un consejo que pareció arreglar el problema. Le aconsejé que planearan juntos una segunda luna de miel, dado que la primera había sido un fiasco. Esta vez, ella traería un itinerario planeado que incluyera tan solo una tercera parte de lo que había planeado en la primera luna de miel y que tuviera en el bolsillo algunas otras opciones por si acaso les sobraba tiempo para tener alguna que otra visita extra a algún museo. Le aconsejé que se hiciera a la idea de que iba a pasar gran parte del tiempo en el carro y que planeara cómo disfrutar esos momentos: hicimos lluvia de ideas y decidió hacer una buena lista de canciones para el camino, empacar ricos refrigerios, tener la cámara a la mano para tomar fotos de lo que veían en el camino, investigar datos culturales de los lugares por los que pasarían para poder apreciar mejor la ciudad y sus calles, ponerse ropa cómoda para estar mucho tiempo en el carro… ¡Santo remedio! A partir de ese momento su vida cambió y el esposo después del viaje vino a agradecerme, preguntándome que pócima había utilizado para cambiarle el corazón a su esposa. La esposa después me contaba conmovida cómo él, al ver el cambio tan radical y tan natural que ella mostraba, decidió seguir las indicaciones y terminaron visitando casi todos los museos que ella llevaba en su lista de paseos extras.

Pues bien, en este caso ciertamente hubo mucho más que simplemente un cambio de mirada. Fue toda una reconfiguración personal a la que la esposa quiso someterse libremente para poder ajustarse a las limitaciones de su esposo. No tuvo que renunciar a ser ella misma, porque igual planeó sus paseos en el carro y pudo llenar su necesidad de certeza elaborando un plan que sí era realista, tomando en cuenta, no solamente sus deseos sino también la forma de ser de su esposo. Lo que antes ella veía como un defecto muy grande en él, terminó siendo un medio para ella crecer como persona y expandir su capacidad de amar y de abrirse a una nueva forma de disfrutar la vida.

Esta reconfiguración que tuvo la esposa, tuvo que haberse manifestado hacia el exterior por medio de la mirada. El esposo ya no se sintió juzgado, ni percibió que ella tuviera que estar haciendo actos de virtud para no sacar fuego por los poros; él, al percibir que ella disfrutaba estando con él en el carro, y que disfrutaba sinceramente y no sólo en apariencia, se conmovió y también cambió automáticamente su mirada: ya no veía en ella aquella mujer cuadriculada y acartonada. Las dos nuevas miradas, al conectarse, reconfiguraron la relación de pareja elevándola a una donación más genuina, ya no fingida; podría decirse que menos ascética y más natural.

Mirada responsiva sobrenatural

Este nivel de mirada es un nivel que se puede alcanzar solamente con la gracia de Dios. Es un nivel que exige mucha humildad, pues no hay nada que podamos hacer por nuestras propias fuerzas para alcanzarlo. Por más que me ejercite en la mirada, por más que la mirada responsiva natural sea ya mi hábito infalible -si fuera posible- y que mi corazón esté enteramente purificado y que las personas me digan que mi mirada refleja la paz del cielo en primavera, no hay absolutamente nada que yo pueda hacer para llegar a este último nivel. Esto debido no sólo al hecho de que la mirada sobrenatural en sí misma es una gracia, sino también debido al

40

hecho de que ésta es siempre una consecuencia natural de una experiencia profunda de la mirada de Dios. Siendo así, ¿quién puede decir que puede provocar esa experiencia? ¿Quién se atrevería a decir que puede decidir experimentar esa mirada de Dios que quema por dentro y otorga una nueva visión del mundo y de las personas que nos rodean?

En este nivel, todo depende de Dios y de que Él quiera darme el regalo de su mirada. Si acaso podríamos pedir a Dios que nos la conceda. La mirada responsiva sobrenatural no es otra cosa que la réplica en mis ojos de aquella mirada del mismo Dios. Para poder replicarla, es necesario que antes la haya experimentado en mí mismo, que antes me haya cautivado, que haya traspasado mi corazón con la lanza de un amor incondicional y que me haya herido con su belleza.

Esta mirada es la de aquella persona que no puede no tener un corazón sumamente comprensivo, pues en la mirada de Dios ha experimentado la paciencia tan infinita que Él tuvo primero con ella. Es una mirada que no se cansa de amar y que, incluso en las grandes humillaciones y ante sus más crueles agresores, simplemente no sabe odiar, no sabe tomarse las cosas de manera personal, no atina a ver en el otro al culpable sino sólo al necesitado de amor y perdón. Su corazón no sabe ofenderse, sino que más bien se consterna ante las faltas ajenas con un sentido de compasión por imaginar lo grande que será su vacío interior que le lleva a obrar de esa manera.

Esta mirada es responsiva porque siempre busca dar un regalo a la persona de enfrente. Brota desde un corazón que ha sido purificado por Dios y que mira con los mismos ojos de Dios, que no sabe juzgar, no sabe impacientarse, no sabe pensar mal porque ve el corazón y no solo los actos externos de la otra persona. Cuando yo obro mal, quisiera que las personas vieran lo que hay en mi corazón para que entiendan la razón de mi obrar. A veces Dios es el único que nos entiende, pues Él es el único que ve nuestro corazón. En la mirada responsiva sobrenatural, Dios nos concede la gracia de entender al que nadie entiende, de ver bondad donde aparentemente no la hay y mirar con esperanza y con confianza al que tal vez no merece una nueva oportunidad.

Cabe aclarar que esta mirada no es una mirada ingenua, como de quien fácilmente será traicionado o humillado por su torpeza para prever que sería engañado una vez más. La mirada responsiva sobrenatural no es una mirada que ignora o pasa por alto la maldad. Antes, incluye esa maldad y transmite también un pleno conocimiento de la situación completa: es una mirada inocente, no ingenua; es una mirada de amor incondicional que sabe lo que está perdonando, no de un amor engañado y burlado que no tiene idea de lo que está amando. Precisamente por ese profundo conocimiento que transmite en la misma mirada, sabe ganarse el respeto del agente receptivo. La persona que es mirada de esa manera sabe que no puede engañar al que le mira; sabe que ha sido pillado y constata que, a pesar de eso, ha sido amado y acogido. Es una mirada que desarma al que planea el engaño y la traición. Lejos de ser una mirada torpe y miope, es la mirada más inteligente que puede brotar de los ojos del hombre.

No me extenderé por ahora en este apartado puesto que dedicaremos todo un capítulo para hablar de la mirada de Dios.

4. El efecto demoledor de la mirada.

En el libro "Contemplad" (una de las cartas circulares que emitió la Congregación para la vida consagrada en el 2015, año de la vida consagrada), el Papa afirma que no es fácil habitar entre los escombros de lo que la gracia ha demolido (#26). Pero, ¿acaso la gracia destruye? ¿No se supone que la gracia de Cristo sana, revitaliza, cura y fortalece? ¡Vaya que sí! Sin embargo, muchas veces logra todo esto por medios misteriosos que a nuestros ojos parecerían contradictorios.

Y es que la gracia, para poder sanar y fortalecer, a veces destruye certezas interiores y deja el alma en ruinas; y no siempre comienza a construir sobre las ruinas inmediatamente. La espera es larga, pesada y muchas veces desalentadora, si nos dejamos vencer por la tentación de la impaciencia. No es fácil habitar en la herida, no es fácil aprender a sentirse cómodo en lo incómodo. No siempre es fácil acoger la gracia demoledora. No nos gusta pensar en ella como una máquina que va a venir a demoler todas las certezas y seguridades que me mantienen cómoda en mi zona de confort. Preferimos pensar en la gracia como un rayo de luz que viene a darnos la seguridad cuando nos sentimos en un túnel oscuro, o como un bálsamo que viene a aliviar el dolor de una herida que no sabemos cómo sanar. A veces incluso llegamos a idealizar a Dios, asegurando que Él siempre nos va a cuidar y nunca va a permitir que nada "malo" nos pase. Ciertamente, Dios vela por nosotros y no permitiría que nada "malo" nos pase. El problema está en que, lo que para mí es malo, para Él, que sabe mejor que yo, puede ser medicinal o incluso el antídoto de un mal que me aqueja sin yo si quiera darme cuenta. Hace tiempo a un gran amigo lo operaron de apendicitis, justo antes de una entrevista de trabajo que sonaba muy prometedora. Él vio el acontecimiento como una maldición. Sin embargo, gracias a la operación, el médico pudo detectar un tumor cancerígeno que habría amenazado de muerte de no haber sido porque fue detectado muy a tiempo. ¡Bendita apendicitis! Dios en su misericordia, permitió ese "mal" para sacar a la luz un mal mayor que permanecía oculto a los ojos de la persona. De la misma manera, Dios a veces permite que nos pasen cosas "malas" para que, a través de ellas, descubramos heridas o elementos en nuestra vida que no hacían más que desintegrarnos y desestabilizarnos.

En la película de Brooklyn, por ejemplo, se muestra de manera muy atinada cómo Dios permite un mal para desvelar otro mal mayor, hacernos caer en la cuenta y poder así dar pasos de purificación y crecimiento en nuestras vidas. Eilis, la joven que juega el papel principal, sale de Irlanda rumbo a Estados Unidos en busca de un futuro más prometedor. Después de algunos años se enamora y, ante la necesidad imperante de volver a su patria para consolar a su madre por el duelo del fallecimiento de su otra hija (la hermana mayor de Eilis), decide casarse antes del viaje. De esa manera el compromiso de volver a América sería mucho más fuerte. Estando en Irlanda, decide mantener en secreto su matrimonio y la vida le pone todo en bandeja de oro, ofreciéndole todas las posibilidades para vivir la vida que siempre soñó en su propio país: le ofrecen trabajo, cuenta con el aprecio y admiración de la pequeña sociedad irlandesa y tiene un buen prospecto que quiere casarse con ella y que cuenta con muy buenos recursos para asegurarle una vida cómoda y feliz. Ella comienza a sentir la tentación, entra en el juego del enamoramiento y la tentación se vuelve cada día más grande. Obviamente, su consciencia le impide responder a las múltiples cartas que su esposo le envía desde Estados Unidos en ese tiempo.

Parecía que nada le haría caer en la cuenta del compromiso que ya tenía, hasta que Miss Kelly, la señora más ambiciosa y cizañosa del pueblo, la manda llamar. Le dice que sabe perfectamente que está casada. La mirada de Miss Kelly es amenazadora y humillante: es una mirada en la que Eilis se siente pillada y sin escapatoria, humillada al verse confrontada con una verdad que hasta el momento había ocultado. Miss Kelly, queriendo sobornarla tal vez o de alguna manera arruinarle sus planes, provoca que Eilis caiga en la cuenta de lo que estaba haciendo. Ella entonces frena tajantemente a Miss Kelly en su juego diciéndole: "Había olvidado cómo es este pueblo". Eilis corta el diálogo de tajo reconociendo con firmeza que, efectivamente, es una mujer casada. ¡Se le frustró su jugada a Miss Kelly! Eilis sale de ese encuentro con toda la determinación de volver a América con Tony, su marido, a pesar de las tentaciones y a pesar del sufrimiento y la soledad que eso le causaría a su madre. Sin pensarlo, va directamente a reservar su boleto para embarcarse a América al día siguiente. Al reencontrarse con Tony se da cuenta de todo el amor que habría dejado esfumarse por un momento de debilidad.

Eilis necesitaba la presencia de una persona cizañosa y mal intencionada en ese momento de su vida. Necesitaba de esa mirada tan cruel, casi diría demoniaca, para volver a la verdad de lo que era su vida y aferrarse a la promesa de amor que había hecho con Tony, su esposo. Miss Kelly fue un mal providencial en su vida y Dios permitió que fuera precisamente ella la que se enterara, por coincidencias de la vida, del matrimonio que se había llevado a cabo con tanta discreción y premura del otro lado del planeta. La mirada de miss Kelly demolió, en el interior de Eilis, una mentira con la que ella se estaba auto-engañando y con la que estaba engañando a otros. En este caso, el efecto demoledor actuó a favor de la persona, demoliendo un mal y llevando a la persona a una firme determinación por volver al amor primero.

En este ejemplo se ve claramente lo que llamo el "efecto demoledor" de la mirada. Es ese efecto que ciertas miradas tienen en el alma, por el que algo en el interior se desmorona, dejando espacio para una nueva certeza arraigada en fundamentos más sólidos y estables. Este efecto se da, tanto en el agente activo como en el agente receptivo. Miss Kelly también experimentó ese efecto demoledor. Después de que Eilis le destroza su plan y la desarma con el reconocimiento de la verdad, se ve claramente en una escena cómo algo se desmorona también en el interior de Miss Kelly: la humillación de verse descubierta en sus planes malévolos la lleva a confrontarse con la verdad de lo que hay en su corazón y se encuentra tan entre la espada y la pared, que opta por ver a Eilis marcharse en silencio.

En otros casos, las miradas también pueden demoler certezas que de hecho la persona necesitaba para crecer como persona. El efecto demoledor no siempre se da a favor de la persona. Tal vez nos ha pasado que la mirada humillante de alguien hace que algo se desmorone en nuestro interior. Esas miradas de odio, rencor o rivalidad, lo que demuelen es muchas veces la certeza de que somos amados, de que nuestra dignidad es invaluable, de que podemos salir adelante a pesar de nuestras miserias. También en este sentido el efecto de la mirada puede ser demoledor.

Ahora bien, al hablar de un "efecto demoledor", podemos pensar que este efecto es un efecto destructivo y siempre doloroso. La palabra "demolición" contiene en sí misma una carga más bien negativa. Sin embargo, el efecto demoledor que tiene la mirada no siempre se presenta como una experiencia negativa. Más adelante en el libro narraré algunos casos en los que se ve cómo este efecto demoledor se dio en un ambiente de mucha gratitud y consolación pues lo que muchas veces se destruye en una mirada es más bien una mentira que nos sofocaba, una creencia de que no valemos nada, o un sentimiento de abandono y de soledad que nos mantenía en una vida triste y apagada. Una mirada de amor puede demoler en el agente receptivo una herida que, al desaparecer, confiere a la persona una esperanza que no habría podido encontrar en libros, talleres de sanación o terapias psicológicas. Por otro lado, la mirada también puede conferir al agente activo la alegría de haber tocado un corazón débil y de haberlo sanado con la sola mirada; puede experimentar la felicidad explosiva de haber sido instrumento de Dios en la vida de otras personas de manera que su vida adquiere sentido y una grandísima motivación para seguir haciendo el bien. El efecto demoledor también puede experimentarse muchas veces como un momento liberador, casi glorioso.

5. El impacto de la mirada en los grandes miedos del ser humano

¿Alguna vez te has preguntado cuáles son los más grandes miedos del ser humano? ¿Cuáles son tus más grandes miedos? Esta pregunta, si la sabemos responder con serenidad y sinceridad, nos puede desvelar mucho de los bloqueos que no nos permiten crecer como personas y podría desenmascarar las barreras interiores que tienen mis relaciones humanas estancadas.

Creo, personalmente, que para sacar más beneficio de todo lo que a continuación voy a explicar, será muy provechoso que identifiques cuáles son tus miedos en concreto, tal vez bastará que identifiques dos o tres miedos en tu vida, y que recuerdes los momentos concretos en los que más salieron a la luz. Aunque yo hablaré de los miedos más grandes que se encuentran en todo ser humano, es bueno que cada persona identifique el grado que alcanzan esos miedos en su interior, sus expresiones y sus consecuencias pues todo esto sí que difiere de una persona a otra.

Trata de recordar, por ejemplo, el momento en el que más has sentido miedo en tu vida. Detente, puede ser conveniente que dejes de leer por unos minutos para recordar. No importa qué clase de miedo es: puede ir desde el miedo a una araña hasta el miedo a la soledad después de la muerte de algún ser querido. Repito que conviene que identifiquemos, no sólo el miedo a las arañas, por seguir con ese ejemplo, sino el miedo que sentí aquel día que una araña me caminó por la espalda y no había nadie que me ayudara. Cuanto más bajemos los miedos a experiencias concretas de nuestra vida, más fácil será conocerlos, identificarlos y manejarlos. No digo vencerlos, pues un miedo difícilmente se vence. ¡Y menos mal que sea así!

Recuerdo en uno de los cursos que tomé al certificarme como coach, el ponente (un coach de talla internacional) nos contó lo mucho que le impresionó el contraste entre dos casos en los que intervino: el primer caso, era una cantante que, de un momento a otro, alcanzó fama a nivel internacional sin siquiera ella esperárselo. Al preguntarle el coach qué era lo que le movía a desenvolverse tan bien en el escenario, ella contestó que su gran fuerza y motor era esa sensación de la adrenalina corriendo por todo el cuerpo pocos segundos antes de salir al escenario, especialmente el temblor de las piernas que le llevaba a pensar por un momento que desfallecería. Todas esas sensaciones le impulsaban a salir con más vigor, confianza y desenvoltura, segura de que disfrutaría el espectáculo con su público que la aclamaba. El otro caso fue el caso de una cantante que, al comenzar su carrera artística, después de sus primeros conciertos, decidió echarse para atrás y no hubo nada que la motivara a volver al escenario. El coach, al preguntarle qué era lo que la había bloqueado, se sorprendió al constatar que la respuesta fue exactamente la misma que la otra cantante dio para responder a la pregunta inversa. Incluso usó las mismas palabras y prácticamente la misma descripción de las sensaciones: esa sensación de adrenalina corriendo por todo el cuerpo pocos segundos antes de salir al escenario, el temblor de las piernas que le llevaba a pensar que desfallecería fue lo que le movió a renunciar al sueño que había tenido toda su vida de ser cantante y alcanzar la fama. En ambos casos, el motor, la fuerza que les impulsó a sus tomas de decisiones tan diametralmente diferentes fue el miedo. Químicamente, así es como se define y se experimenta el miedo en el cuerpo. Sin embargo, ¡qué diferentes pueden ser las decisiones a las que nos lleve ese miedo!

Entonces, si has identificado uno o dos momentos de mayor miedo en tu vida hasta el momento, podemos proseguir con la lectura. Han sido muchísimos los autores, corrientes psicológicas, *coaches* y humanistas que coinciden en que los dos mayores miedos que tiene el ser humano son el miedo a no ser amado y el miedo a no ser suficiente.

Ahora bien, pon tus miedos sobre la mesa: ¿no tendrán alguna relación con estos dos grandes miedos? Por ejemplo, cuando decimos que tenemos miedo a la soledad, ¿no es acaso ese miedo una expresión concreta del gran miedo a no ser amado por nadie, del miedo a que llegue un momento en que no exista nadie que piense en mí, para quien yo sea importante? O, por ejemplo, si pienso que mi mayor miedo es a las serpientes, o a los murciélagos: ¿no es acaso el miedo a sentirme vulnerable frente a un agresor sobre el que no tengo control y que no seré

48

lo suficientemente fuerte o poderosa como para no sentirme desprotegida? O, por ejemplo, si mi mayor miedo es el miedo frente a un reto que tengo por delante y que siento que me sobrepasa, ¿no tendrá acaso relación con el no sentirme suficiente, con pensar que voy a decepcionar a mis colegas o a las personas que han puesto su confianza en mí?

No ser amado

Creo, personalmente, que no existe nada que pueda derrumbar más el corazón humano que el recibir una mirada de desprecio, cuando ya de por sí sentimos que no somos dignos de recibir amor. Seguramente no soy la única persona que en algún momento de su vida se ha sentido profundamente decepcionada de sí misma. Todos hemos cometido algún error por el que nos sentimos seres despreciables, inmerecedores de cualquier gesto de aprecio o compasión. Buscamos tapar esos errores y esas miserias a como dé lugar. Sin embargo, no siempre logramos mantenerlas ocultas. Algunas veces saltan a la luz en contra de nuestra voluntad; otras veces las traemos a la luz en el sacramento de la confesión o en algún desahogo con alguna persona de confianza. ¡Y qué difícil es abrir el corazón en esos momentos! Y que determinante puede ser la manera en que estas confesiones sean acogidas por la otra persona.

Uno de los momentos en los que más me he sentido amada y que me confirió muchísima confianza en mí misma fue la confesión general que hice tan sólo unos días antes de mi consagración a Dios. Yo me considero una conversa, fruto de la mirada de San Juan Pablo II. Es una larga historia que no viene a cuento narrar aquí. Basta con decir que yo era una mujer del mundo, amante del mundo y con muy poco remordimiento y contrición por haberme entregado tan regaladamente al mundo y a muchos placeres de la vida. Unas semanas antes de mi consagración, hubo una noche que experimenté por primera vez un profundo e intenso dolor por todos mis pecados. Era como si por primera vez en mi vida experimentara la mirada de Dios que, a pesar de conocerme como me conocía, me amaba con un amor indecible, un amor que ningún hombre habría sido capaz de darme. Casi me atrevería a decir que fue una experiencia mística. Sin embargo, aunque en ese momento pensé que esa experiencia espiritual sería un parteaguas en mi vida, ahora entiendo que esa mirada, a pesar de haber venido del mismo Dios, no era suficiente. Él sabía que necesitaba encarnarla en alguien más para hacerla creíble en mi mente y en mi corazón, para que mi psicología pudiera verificar, por decirlo de alguna manera, la veracidad y eficacia de aquella experiencia religiosa.

Todos necesitamos de una mirada que sea capaz de encarnar lo que experimentamos en el espíritu. Yo no podré creer que Dios me ama si las personas más cercanas a mí no me aman con un amor incondicional. Tal vez se pueda con alguna gracia especialísima, pero ¡qué difícil será! Podré tener un éxtasis espiritual y la visión de Cristo mirándome con ese amor infinito, pero si a mi alrededor no encuentro al menos una mirada que ratifique lo que viví en esa intimidad espiritual, difícilmente podré perseverar en la certeza de que soy definitiva e irreversiblemente amada: con el paso de los días, con las caídas y la experiencia siempre renovada de nuestra propia miseria, esa mirada augusta se irá opacando en la memoria hasta quedarse como un recuerdo vago de una ilusión que era demasiado bella para ser real.

Pasaron los días y, durante los ejercicios espirituales que solíamos hacer antes de la consagración con votos temporales, seguí el consejo de mi directora espiritual de hacer una confesión general. La confesión general es una práctica recomendada por la Iglesia en algunos momentos de la vida y consiste en confesar (aunque ya se haya hecho anteriormente) todos los pecados cometidos en toda la vida o desde la última confesión general. Dado que mi vida antes de consagrarme no era muy piadosa que digamos, nunca antes había hecho una confesión general y, por ende, debía hacer una confesión de los pecados cometidos hasta ese momento.

Cabe mencionar que tenía 21 años de edad, tuve mi primer novio a los 11 años y desde ese momento recuerdo a mi papá decirme constantemente que le parara, que parecía que cambiaba de novio como de ropa interior (¡disculpen la expresión!). Y entre novio y novio me daba algunos buenos reventones en los que mi vida de gracia quedaba guardada en el fondo del closet. Al terminar la preparatoria y estar un poco indecisa sobre qué carrera estudiar, recuerdo que me tomé un año medio sabático: en las mañanas me tomaba el día para ir al gimnasio, ponerme en forma, descansar y embellecerme (¡vaya vida que me daba!), y en las tardes comencé a estudiar un diplomado para certificarme como profesora de inglés. Gracias a esta certificación, posteriormente pude trabajar en las tardes cobrando una buena tarifa a cada uno de mis alumnos. Todo lo que ganaba lo usaba para las fiestas, el alcohol y la moda, ya que mi papá se encargaba de pagar mis estudios en la universidad y demás gastos. No había nada que me enloqueciera tanto como bailar. Podía ir al "antro" cuatro o hasta cinco veces por semana y la fiesta no paraba antes de las 4:00 de la mañana. ¿Cómo logré sacar mi universidad y mis demás responsabilidades? No lo sé. Tal vez me confiaba de los dones intelectuales que Dios me dio y me conformaba con sacar calificaciones moderadas. Recuerdo que en esos años abrieron un antro en el que los martes había promoción especial, la cual les funcionó tan bien que la dejaron por todo un año: todos los martes, de 9:00 a 11:00 pm, no podían entrar más que mujeres y era barra libre. Literalmente, nos embriagaban -y vaya que nos dejábamos embriagar-, y se aseguraban de que todas estuviéramos al menos "happies". A las 11:00 dejaban entrar a todos los "caballeros". Les cobraban una fortuna por cada bebida para desquitar la barra libre de las "damas", pero a ellos, como es de imaginarse, no les importaba, pues les proveían del espacio y la "materia prima" para divertirse a todo lo que daba.

Podría seguir contando muchas de mis desfachateces. Tal vez esto baste para expresar lo avergonzada que estaba de ir a esa confesión. Creo que llegué a sentir en las piernas esa misma adrenalina que sentían las cantantes mencionadas anteriormente. Sí, sentí mucho miedo y vergüenza: miedo a ser rechazada, a lo que el Padre pudiera decirme, a sentir su mirada de desprecio o de sorpresa escandalizada de que una mujer como yo pudiera atreverse a pensar en consagrar su vida a Dios. Me trataba de tranquilizar a mí misma pensando que seguramente no volvería a ver a ese sacerdote nunca más en mi vida, y pensaba que, a fin de cuentas, si él decidía prohibirme dar el paso a la consagración, al fin tendría la excusa para volver con mi novio a quien tanto amaba y cumplir el sueño de mi vida de casarme con él y formar una familia. Con el tiempo veo más y más claramente que, en esos momentos, yo creía que era yo quien le hacía un favor a Dios al consagrarme. Creía que Él me había elegido *porque* me conocía. ¡Y qué equivocada estaba! Pues después de esa confesión, me di cuenta de que Él me había elegido no *porque* me conociera, sino más bien *a pesar* de lo bien que me conocía.

En fin, entré al confesionario, el Padre, me miró a los ojos y me preguntó por mi nombre… "¡Ya empezamos mal!" pensé en mi interior. Decidí abrirle el corazón y la consciencia, con todas mis historias y sentires; le confesé incluso todos mis pensamientos más íntimos, esos que normalmente no nos atreveríamos a compartir ni con nuestro ángel de la guarda. El Padre sólo escuchaba y movía la cabeza en gesto de atención y escucha. Me dejó hablar y desahogarme. Hubo un momento que las lágrimas cortaron mi monólogo y no pude seguir. Él me miró a los ojos y percibí que sus ojos estaban encharcados. ¡Fue como si me apretaran el botón de "ahora puedes berrear"! Él, con toda la paciencia del mundo, aguardó en silencio y, sin decir una palabra, esperó a que terminara el llanto para poder seguir escuchando. Finalmente logré juntar más palabras para terminar mi confesión.

No sé cuánto tiempo habrá durado esa confesión. Sólo sé que, al final, el Padre, con lágrimas que le corrían por las mejillas, me miró a los ojos y me llamó por mi nombre. No sé si fue su tono de voz, su sonrisa apenas perceptible entre las lágrimas y la conmoción, o si fue su mirada lo que, en ese momento, me hizo recordar aquella mirada de Cristo que Él mismo me concedió experimentar semanas anteriores. Creo que fue todo el conjunto. Me dejé mirar. Fue en esa mirada donde supe que aquél amor que Cristo me había expresado esa noche en oración, era creíble, era verdadero pues había bajado a la tierra y se había encarnado en una persona concreta, en una mirada concreta. Supe que el amor de Cristo podía llenarme como mujer, pues Él se me presentaba claro y nítido por medio de la humanidad de un sacerdote. Unos ojos humanos me llevaron en ese momento a verificar que mi experiencia espiritual de días anteriores había sido real. Y supe que, a pesar de todo, yo era digna del amor de Cristo. Después de esa mirada el Padre me dijo en un tono suave aunque con alegría incontenible: "Karla, hoy el cielo está de fiesta porque Jesús ha encontrado a la oveja que tenía perdida, ha recobrado a su hija y la ha recibido en casa, no ya como hija, ni como sierva, sino como esposa y reina." Creo que no existen palabras para expresar la alegría, la profundísima gratitud, la sanación interior y la revitalización que experimenté en ese momento, incluso a nivel fisiológico: esa adrenalina se convirtió en una especie de dopamina que me hizo desear con más fuerza pertenecerle a Cristo y a nadie más. Si antes había decidido dar el paso a la consagración movida por el arrepentimiento y el deseo de reparar el corazón de Cristo por tantas ofensas cometidas, consciente de que sufriría toda la vida por estar renunciando al amor humano, ahora parecía que Cristo me daba el verdadero motivo para darle mi sí y era el sentirme atraída por un amor que es tan grande, tan sobrecogedor, que es imposible resistirse.

A decir verdad, la experiencia llegó a su clímax poco antes de las palabras del Padre, justo en el momento en el que me miró a los ojos. Podría decir que, en esa mirada, se destruyó ese gran miedo que tenía a no ser amada, a no ser digna de un amor tan grande. Y es que todo ser humano necesita que exista al menos una sola persona que sea capaz de amarle incondicionalmente. Y para poder sabernos amados incondicionalmente, es necesario que expongamos nuestras miserias y esas cosas que no nos gustan de nosotros mismos, y que de hecho escondemos. En el fondo, el ser humano esconde esas miserias precisamente por el miedo a no ser amados. Tenemos incrustada en nuestro ser la certeza de que debemos merecer el amor, que tenemos que ganárnoslo y dar la talla. Entonces maquillamos nuestras imperfecciones. Pero, ¿cómo habré de saber con certeza que ésta o aquella persona me ama incondicionalmente si sólo muestro mi lado admirable? ¡Es tan fácil amar a las personas amables (valga la redundancia)! Pero cuando una persona, después de yo haberle ofendido o haber perdido la compostura frente a ella, me dice que me ama y me lo demuestra con obras, es que eso es amor incondicional. El "amor" de los que nos aman en las buenas solamente sólo proporciona sentimientos rosados que no responden en nada a lo que mi corazón realmente necesita. De aquí la importancia de no tener miedo a mostrar nuestra vulnerabilidad, pues es el único camino que nos puede conducir a *la experiencia* del amor incondicional que nuestro corazón tanto anhela. Sí, existe el riesgo de ser rechazado, pero es un riesgo que vale la pena ser tomado.

Ahora bien, he escrito todo esto desde el punto de vista receptivo: necesito una mirada de amor incondicional ante los grandes miedos que me atormentan. Sin embargo, es indispensable que leamos todo esto de manera que nos interpele, para no caer en el error de pensar en cuánto este libro podría ayudar a esas otras personas que tal vez no han sabido mirarnos con amor. Será necesario preguntarnos aquí: Yo, ¿he sabido mirar con amor a los que no son dignos de mi amor, precisamente en esos momentos en los que se muestran tan inmerecedores del más mínimo gesto de compasión?

Si es verdad que nuestro mayor miedo es el de no ser amado, entonces se puede deducir cuán importante es para el hombre el sentirse y saberse amado, incondicionalmente amado. Pero, ¿cómo habré de saberme incondicionalmente amada si las personas a mi alrededor me aman solamente cuando soy amable? Para tener la certeza de que soy incondicionalmente amado; para darle a la otra persona el regalo de esa certeza, necesito mostrar ese amor precisamente donde es menos amable, más despreciable, más insoportable. ¿Soy capaz de mirar con amor en esos momentos? ¿Cómo es mi mirada cuando alguien me ofende o hace algo que me enoja? Más aún, ¿por qué me enoja? ¿Por qué el Padre aquél que escuchó mi confesión no se enojó ante mis muchos pecados a pesar de yo haber faltado a lo que él, en virtud de su sacerdocio, considera sagrado e intocable? ¡Cuántos casos no hemos escuchado de gente que sale regañada y humillada del confesionario! Y cuántas veces nosotros hacemos lo mismo que esos sacerdotes regañones: nos tomamos los errores ajenos de manera personal, nos ofendemos por las miserias que los otros llevan sobre sus hombros y no nos damos cuenta de que nadie elige sus defectos sino que todos sufrimos en primera persona nuestros propios defectos. Esa persona que me está ofendiendo no elige ofenderme: carga con la cruz pesada de ser ofensiva conmigo, en esta ocasión, pero con cualquiera que, bajo circunstancias similares, se le pare en frente. Y aún en el caso de que me constara que sí está eligiendo ofenderme deliberadamente, lo que ciertamente no está eligiendo es llevar en el corazón esa malicia que le lleva a tomar ese tipo de decisiones que no hacen más que amargarle la vida a él/ella, en primer lugar, y luego a todos los que le rodean.

¿No será acaso que mis pre-juicios son los que me hacen mirar con desprecio a los demás? Tal vez mis prejuicios generan en la otra persona ciertas predisposiciones que las llevan a reaccionar precisamente con lo que más nos molesta. ¿Alguna vez se te había cruzado por la cabeza que tal vez son tus prejuicios los que generan aquellas actitudes que tanto te molestan? ¿Has pensado que tal vez tú mismo estás reforzando en el otro las actitudes que tanto te fastidian? Nuestros prejuicios no pueden no manifestarse hacia el exterior, especialmente a través de la mirada. Al salir por los ojos, generan en la otra persona una cierta tensión que, consciente o inconscientemente, crea una predisposición y lleva a la persona a actuar más a la defensiva. De esta manera, se genera un círculo vicioso en el que cada vez es más difícil liberarnos de los prejuicios y de las predisposiciones que enturbian la relación y sofocan todo deseo de enmendar, aceptar las propias faltas y volver a comenzar.

No ser suficiente

Otro de los grandes miedos que aquejan al hombre de todos los tiempos es el miedo a no ser suficiente. Cuánto sufre, por ejemplo, un hombre que no es capaz de sostener económicamente a su familia, al grado que muchos de ellos cometen suicidio en situaciones extremas. Fácilmente nos dejamos enganchar en el juego del demonio, por el que nunca nos damos por bien servidos cuando se trata de sentirnos contentos con nosotros mismos: siempre estamos comparándonos nostálgicamente con los demás, haciéndonos a nosotros mismos afirmaciones que no hacen más que quitarnos las fuerzas y el ánimo para llegar a ser aquello que anhelamos ser. Qué cierta es aquella afirmación de San Agustín: "los hombres no anhelamos con las ansias que se requieren para alcanzar el objeto anhelado." Queremos cambiar, ser mejores personas y vencer éste o aquel defecto, pero constantemente nos repetimos que no podremos, que somos demasiado débiles y no tenemos la tenacidad que otros han tenido, y entonces nuestra lucha se vuelve la lucha de uno que sabe que no habrá de ganar la batalla. ¡Un autoengaño! Una lucha destinada a la ruina pero que decide no rendirse porque sería demasiado descarado el fracaso. Y entonces la derrota inminente llega y no hace otra cosa que reafirmar esas creencias tan limitantes que van carcomiendo los grandes ideales de la vida. Y es en esos momentos cuando necesitamos que alguien venga a salvarnos con una mirada de esperanza.

Cabe aquí mencionar una historia que siempre me ha conmovido y que cuento mucho en mis predicaciones para mostrar cuánto impacto puede tener una mirada en la vida de una persona que no se siente suficiente, que sabe que no es digna del amor y que tiene la certeza (la creencia limitante) de que no podrá jamás dejar a un lado sus miserias. Alguna vez supe de esta pareja que llevaban ya casi 50 años de matrimonio. Al verlos juntos, uno pensaría que estaban recién casados: derramaban miel en sus miradas, el trato estaba siempre impregnado de la ternura propia de los novios que se acaban de declarar el amor. Al preguntarles si siempre había sido así, la mujer comenzó a contar toda la historia de lágrimas que había detrás. Resulta que él, aunque nunca se le veía tomar, muchos años antes era un hombre alcohólico (y sigue siendo porque el alcoholismo es una enfermedad no curable, aunque sí controlable con la determinación de la voluntad y el debido acompañamiento). La mujer vivía desesperada, confundida y cada día tomando más y más seriamente la posibilidad del divorcio. Era imposible vivir con una persona que no respetaba su propio hogar llegando a la hora que le diera la gana, rebotando de la cantidad de alcohol que consumía casi todos los días, gritando y exigiendo ser atendido a la hora que fuera en sus vómitos, mareos y constantes comentarios humillantes y groseros.

Llegaba un punto en que la mujer se cuestionaba si no tendría que empezar a velar más por su dignidad como mujer y como persona. Llegó el día, o más bien la noche, en que el esposo llegó de sus parrandas ya casi al amanecer. La mujer no había dormido nada de la angustia y el desasosiego por su marido. Entró él a la casa dando rebotes por todos lados, gritando y pidiéndole a su señora que no se atreviera a molestarlo, diciéndole que necesitaba descansar. Ella sabía que, después de dormir algunas horas, él necesitaría comer algo para aliviar el malestar, pero se decidió esta vez a dejarlo arreglárselas como pudiera. Lo dejó dormir solo en el cuarto y se fue a la sala de su casa a rezar, pidiéndole a Dios luz para que, si era su voluntad, le diera la fortaleza de dar el paso de la separación. Para este entonces llevaban ya más de 20 años de casados. Ahí, en oración, de pronto sintió una moción muy fuerte del Espíritu Santo pidiéndole que se levantara y que fuera a prepararle el desayuno a su esposo, y que se lo llevara a la cama. Ella, indignada con Dios, le empezó a reclamar segura de que, o estaba inventándose ella misma esa moción, o Dios tenía que ser un Dios cruel y machista. Pero como sabía que Dios no era ni cruel ni machista, y como el pensamiento le movía con ánimos de esperanza y no de miedo o de humillación, se paró, le preparó el desayuno en una bandeja y se la subió a la recámara.

Entró tratando de no hacer ruido para molestarlo lo menos posible. Se acercó a él y, con una voz muy suave y dulce, le despertó diciéndole que el desayuno le haría sentir mejor, que tratara de comer algo. El hombre despertó de su somnolencia. Se veía enojado y fastidiado por semejante atrevimiento de haberlo despertado, se sentó sobre la cama y violentamente levantó el brazo provocando que la bandeja se volteara desparramando todo el desayuno en la alfombra de la habitación. Exclamó a gritos: "¡Déjame en paz! ¿No ves que estoy tratando de descansar y que tengo que ir a trabajar en unas cuantas horas? ¡Lárgate!"

La mujer, perturbada, humillada y con el corazón roto en pedazos salió del cuarto a llantos inconsolables. Sentía la sangre caliente en sus venas, parecía que la ira le saldría hasta por los poros. Volvió a la sala, se volvió a arrodillar y le reclamó a Jesús: "¿Por qué me haces pasar por esto, Señor? ¿Por qué te hago caso después de todo?" De pronto, una nueva moción brotó en su corazón: "Levántate, limpia el desastre y vuelve a prepararle el desayuno a tu esposo. Inténtalo una vez más." No podía creer lo que escuchaba en lo secreto de su corazón. No creería que sus fuerzas podrían llegar a tanto. Lloró en silencio por unos minutos y poco a poco fue recobrando la calma. Conforme la paz en su corazón iba creciendo, supo que tenía que ser el Espíritu Santo. Lista para lo que viniera y sabiendo en su consciencia que era la última oportunidad que le daba a la relación, se levantó y volvió a preparar el desayuno, esta vez con un mayor esmero en la presentación de la bandeja.

Entró temblando al cuarto. No sabía en qué iba a terminar todo esto. El esposo percibió su presencia antes de que ella hablara y alzó la mirada. Ella le dijo que creía que comer algo le iba a ayudar a sentirse mejor. Se quedó ahí parada y, temblando, lo miró a los ojos. En ese momento, sintió que su mirada se llenó de compasión, y en lugar de verlo como un agresor, lo vio como un pobre vagabundo necesitado de tanto amor y luz en su vida. Dios le dio la gracia de mirarlo con ojos nuevos. El hombre se levantó de la cama, vio la bandeja y volvió a mirarla a ella a los ojos. Cayó de rodillas frente a ella y, tomándola de una pierna, le preguntó: "¿No te das cuenta de que no te merezco? ¿Por qué sigues conmigo? ¿Por qué no me has dejado? ¿No te das cuenta de que no lo valgo, de que no soy lo que tú mereces?" Rompió en llanto y le pidió perdón. Los dos lloraron. Algo cambió en los dos esa mañana, y todo comenzó por una mirada de amor.

A partir de ese momento él comenzó a asistir a Alcohólicos Anónimos y tomó la determinación de dejar el alcohol. Hizo todo el proceso de sanación hasta llegar a lo que son hoy en día como pareja. Y todo por una mirada de amor. Ciertamente, la mirada no fue el único elemento: fue también la vida de oración, la confianza heroica, la tremenda humildad y, finalmente, el amor que movía a esta mujer en cada una de sus decisiones respecto a su marido. Sin embargo, todos estos elementos a fin de cuentas confluyen y se verifican en la mirada. La mirada es el mejor compendio de y la mejor expresión de todas estas verdades y sólo en la mirada se descubre el engaño.

Cuando más tememos no ser suficiente para los demás, cuando más sentimos que merecemos el rechazo y prevemos que, de hecho, lo vamos a recibir, lo normal es que entonces optemos por la postura más cómoda, que es simplemente resignarnos bajo el pretexto de "así soy y no puedo cambiar" y continuar viviendo así nuestra vida. Tal vez no decimos abiertamente que hemos renunciado a la lucha e incluso afirmamos que estamos intentado cambiar, pero bien sabemos que el problema de fondo es que hemos perdido la esperanza en nosotros mismos. Ya no creemos realmente que algún día podamos ser diferentes. El pecado y el egocentrismo están tan arraigados en nuestro interior que nos forzamos a vivir una vida más o menos feliz, tratando de acomodarnos en nuestra propia miseria de tal manera que no resulte tan incómoda, tan frustrante.

Cuando la gente que nos rodea se empieza a hacer una idea de cómo somos, se van formando prejuicios hasta convencerse de que "así es él/ella y no va a cambiar". Cuando cometemos el error esperado por todos, la reacción del común de la gente es la de un largo suspiro, un levantar las cejas y la de la mirada en la que no pueden ocultar que se están diciendo a ellos mismos: "No podía esperar más de esta persona." Pero, ¿qué pasa cuando, de repente, llega alguien que nos ve con ojos diferentes y nos rompe esquemas con una mirada de compasión? Entonces algo pasa en nuestro interior. Se rompen esas certezas, esas creencias limitantes y esos complejos que nos llevaban a actuar como uno que, ciertamente, no es suficiente; entonces brota una nueva fuerza interior que nos lleva a dar algo más y saca lo mejor de nosotros mismos. ¡A veces hasta parecería magia! Las miradas de juicio son el mejor aliciente a las miserias ajenas, ésas de las que tanto nos quejamos y que tanto echamos en cara.

Trata de pensar por un momento, en una persona con la que suelas tener muchos conflictos y con la que tal vez ya tienes ese prejuicio. Crees conocerla perfectamente y crees que nunca va a cambiar esos defectos que tanto te molestan. Trata de pensar en la última vez que hizo algo que te fastidió. Recuerda la escena y trata de recordar cuál fue tu reacción. Trata de imaginar la escena como si fueras un mosquito que está contemplando todo desde fuera, y te ves a ti mismo frente a esa persona y puedes ver tus gestos, tus miradas; puedes escuchar tus palabras y también leer tus pensamientos. ¿Cómo fue tu reacción? ¿Cuáles fueron las palabras, si es que hubo? O si más bien guardaste silencio, ¿qué transmitiste con ese silencio, con tu mirada y tu lenguaje corporal? ¿Miraste a la persona a los ojos? ¿Cómo fue tu mirada? Trata también de recordar cómo reaccionó la persona ante tu respuesta. ¿Cómo crees que se sintió, no ante el mal que hizo sino ante tu respuesta por lo que hizo? Es importante distinguir estos dos momentos (el sentimiento que genera la acción y el sentimiento que genera la respuesta que las personas tienen ante la acción), pues la segunda suele reforzar o debilitar nuestras actitudes habituales. Es decir: si soy muy impuntual (por volver al ejemplo de la cita a la que se llega tarde) y llego tarde a una reunión con una amiga, seguramente sentiré al menos un poco de vergüenza (el grado de vergüenza depende de muchos factores pero siempre hay algo de ella, por muy bien que a veces se disimule). Eso es el sentimiento de la acción. Posteriormente, se generará otro sentimiento que variará según la reacción de mi amiga: si me saluda con un fuerte abrazo, y con una sonrisa me mira a los ojos y me pregunta cómo he estado como si no hubiera pasado nada, y me dice si acaso que estaba preocupada por mí, nace en mí de manera espontánea un deseo de pedir disculpas y de proponerme no volver a llegar tarde. Digamos que el corazón se siente "seguro" con esta persona, se siente aceptado y amado así, con todo y sus impuntualidades, y entonces no tiene miedo de exponer su vulnerabilidad y se vuelve mucho más fácil pedir perdón. Pero si, por el contrario, llego tarde y veo que mi amiga me mira a los ojos, luego mira su reloj, luego vuelve a mirarme y me saluda con educación, pero con cierta tensión en su rostro y evita el contacto visual, ¿no será más factible que yo me ponga a la defensiva? ¡Qué difícil resulta pedir perdón a una persona que ya de por sí es evidente que nos está juzgando! De por sí es difícil, pero cuánto más lo es cuando la otra persona no muestra el más mínimo interés de comprender y acogerme en mi debilidad. Y entonces mi enfoque, en lugar de centrarse en la necesidad que tengo de ser más puntual en futuras ocasiones, cambia de objeto y se centra en la impaciencia de mi amiga, en lo frustrante que es el sentir que "nadie me entiende" y se genera una sensación de soledad, aunque sea en un grado muy leve. Es entonces cuando decimos "¡Pues así soy, le guste a quien le guste!" Y la cuesta arriba se hace más pesada de lo que era al inicio porque mi necesidad de educarme y corregirme para ser puntual sigue ahí, pero añadido a eso, brota también la necesidad de sentirme aceptada y amada como soy.

Hace algunos años acompañé a una persona que acababa de recibir un ascenso en su trabajo, y ahora le tocaba ejercer autoridad sobre otras personas, entre ellas otra chica a la que también acompañé en dirección espiritual. La nueva jefa se sentía insegura y muy temerosa. A cada paso titubeaba en las decisiones que debía tomar.

La otra joven a su mando se encontraba en un momento de mucha rebeldía interior por una serie de cambios intensos que tuvieron que hacer en la empresa. ¡Cómo se hicieron sufrir mutuamente! La empleada se sentía vigilada, como en una camisa de fuerzas en la que ya no podía fungir con sus deberes con la debida libertad. La jefa, por su lado, sentía el deber de "acompañar más de cerca" -por no decir "vigilar"- a esa persona, debido a sospechas que tenía acerca del uso que hacía de su tiempo y por un supuesto romance entre la empleada y otro de los empleados de la empresa que, para rematar, estaba casado con una de sus mejores amigas.

La jefa comenzó a negarle permisos a la empleada para evitar que se encontrara con aquel hombre que, por oficio, debía de tener reuniones frecuentes con ella. La empleada se acercaba constantemente a cuestionar a su jefa respecto a la negación de tantos permisos, a la cancelación de reuniones que eran importantes para la buena gestión de la empresa, pero su jefa no sabía darle razones de peso, pues lo que menos quería era exponer sus sospechas que, a decir verdad, no tenían ningún fundamento objetivo. Sin darle explicaciones, la jefa simplemente le decía que era mejor que no fuera. La empleada, que de por sí ya traía mucha rebeldía interior, no tardó en explotar y reaccionar con faltas de respeto y agresión verbal.

Con el debido acompañamiento, la jefa supo reconocer, a través del autoexamen de su propia mirada, que reflejaba una profunda desconfianza y una especie de "sí, ya sé qué es lo que estás buscando y a mí no me vas a engañar". Reconoció también que esa desconfianza se volvía en la vida de la empleada la puñalada que hacía cada vez más honda la herida que le llevaba a tener esas reacciones de rebeldía interior. Esa herida de verse tan indigna de la confianza de quien representaba para ella autoridad en ese momento, fue dejando secuelas de una profunda soledad e incomprensión que terminaron sofocándola. Doce años trabajando para la empresa no eran suficientes para ganarse la confianza de la jefa. Y si antes no había ningún romance con el otro empleado, después sí se generó un afecto que hizo más fatigosa la batalla que la empleada estaba librando en su interior. Gracias a Dios, la empleada nunca se entrometió en el matrimonio del joven, pero cuántas cruces se habrían evitado si tan solo la mirada de su jefa hubiera sido diferente.

Contrastante con esta experiencia es la experiencia que tuve con una de mis directoras al cabo de unos meses después de que llegué a mi nuevo destino (las consagradas, por nuestro voto de obediencia, somos enviadas a donde la Iglesia nos necesite). Mi directora comenzó a ganarse mi confianza y le comenté sobre el gran deseo que siempre ha habido en mi corazón de ofrecer mis oraciones y sacrificios por los sacerdotes. No habían pasado ni dos semanas, cuando un día llegué a mi cuarto y, sobre mi escritorio, vi unas copias de unos escritos sobre la maternidad espiritual vivida para los sacerdotes. Tenía una pequeña nota de mi directora, diciéndome que se había cruzado con esto y pensó que tal vez me gustaría leerlo. ¡Cuánta confianza y gratitud por ver lo bueno que había en mí y no pensar mal! Cuánto deseo de ser fiel a mi vocación, y también de ser fiel a Cristo por ella, porque en la confianza que ella depositaba en mí en cada momento, veía reflejada la confianza que Cristo me tenía.

Ahora bien, con estos dos ejemplos, cabe aclarar algo acerca del tema de la confianza. Muchas veces hemos escuchado que la confianza se gana. Y suena como un argumento bastante coherente. Sin embargo, pienso que, aunque no deja de ser verdad, la confianza también se puede dar gratuitamente. De hecho, en la mayoría de los casos, será necesario dar un voto de confianza a una persona que no lo merece. A veces las relaciones están tan dañadas que la desconfianza se vuelve simplemente la reacción natural creando un círculo vicioso en el que la misma desconfianza genera más y más hostilidad, tensiones y resentimientos. ¡Alguien tiene que dar el primer paso! Y el primer paso normalmente no estará motivado por una confianza "ganada". Aquí confirmo que la empleada no supo darle ese voto de confianza a su autoridad; ese fallo agrandó el problema y le complicó la vida a las dos. ¡Qué fácil habría sido para la empleada haber preguntado a su jefa si creía que se estaba enamorando; abrir el tema para darle a ella la confianza de hablar con transparencia y sin miedos! Tal vez con un poco de docilidad de su parte, la jefa habría bajado la guardia y habría constatado que no había ningún apego ni nada de lo cual tuviera que preocuparse. Pero en lugar de eso se reafirmó en su postura, decidió mantener distancia con ella y llevar una relación tensa y limitada a lo estrictamente necesario. Aprendió -triste aprendizaje- a vivir y a sobrevivir en ese juego de miradas que cada día enfermaba a ambas más y más de soledad, desconfianza y rechazo mutuo. Triste es el aprendizaje de quien se acomoda en esas miradas de desprecio, quien aprende a vivir, o más bien a sobrevivir, ante esas miradas.

6. El impacto de la mirada en las grandes aspiraciones del ser humano

Así como vimos el impacto que una sola mirada puede tener en nuestros más grandes miedos, también conviene reflexionar en el impacto que la mirada puede tener en los deseos más grandes que todo ser humano alberga en el corazón. Es curioso pero, con todo y las diferencias tan abismales que hay entre un ser humano y otro, en el fondo, detrás de nuestros más múltiples y extravagantes deseos, existe una sola raíz, un solo anhelo que, al encarnarse en una persona concreta, en una historia y en un contexto concreto, toma distintas formas. ¿Cuál será ese anhelo profundo que tiene el ser humano? Y es que, a fin de cuentas, todos los hombres fuimos creados para una sola cosa y todos anhelamos aquello para lo que fuimos hechos.

Siempre me ha emocionado escuchar las respuestas que recibo cuando pregunto a la gente cuál es el secreto de la felicidad. ¿Qué dirías tú? Normalmente es una pregunta que impone pues, en un primer momento, solemos contestar cosas poco atinadas. Sin embargo, cuando bajo la pregunta a la realidad concreta de la vida de las personas: ¿Qué es lo que a ti te ha hecho más feliz en la vida? ¿Cuáles son los momentos más felices de tu vida? Y pido que piensen en dos o tres momentos, es emocionante descubrir que, todos los momentos que la gente recuerda como momentos felices tienen un común denominador: ¡el amor! Piensa tú: ¿cuáles han sido los momentos más felices de tu vida? ¿Qué ha sido el elemento esencial que ha llenado de alegría profunda esos momentos? ¿Cuál ha sido, por llamarlo de una forma, el ingrediente secreto de esa felicidad que experimentaste en ese momento? Luego piensa en algún otro momento feliz y trata de responder estas mismas preguntas. ¿No ha sido acaso el amor ese ingrediente mágico? Ya sea que te sentiste profundamente amado, comprendido y aceptado así, con todo y tus limitaciones, o que sentiste que pudiste amar como un héroe y tu amor fue correspondido. O tal vez algún momento en que te venciste a ti mismo para conquistar y sanar una relación que parecía perdida y, después de mucho sacrificio, recibiste la corona de aquello que buscabas. Pero siempre después de haber sufrido. Las victorias fáciles y regaladas no llenan el corazón. Son solamente las que cuestan, las que se alcanzan con el sudor de la frente y el derramamiento de sangre y las que tienen por motor al amor. Si tu respuesta a la pregunta es tal vez más superficial que esto, te aseguro que no has probado lo que es la verdadera felicidad. La única vez que tristemente recibí una respuesta que no tenía nada que ver con el amor, fue de una adolescente que había tenido una niñez muy dura, y lo único que conocía de felicidad era el momento en el que se emborrachó y pudo olvidar por un momento todo lo que había sufrido hasta entonces. Si eso es felicidad para ella, ¡cuánto será su sufrimiento cotidiano! Y cuánto podemos imaginar que gozará el día que encuentre al amor en su vida. Su corazón, de hecho, anhelaba sentirse amado. Después me confesó que ni siquiera ese momento de embriaguez le llenó como para decir que ha sido el momento más feliz de su vida, ya que no sació su deseo profundo de amar y sentirse amada.

Ahora bien, si éstas son las dos fuentes de felicidad del hombre, podemos deducir que el amor en sus dos direcciones: amar y sentirme amado, es la más grande aspiración que puede tener el ser humano. Consciente o inconscientemente, todos los hombres buscamos el amor. A veces lo buscamos por vías equivocadas, o le llamamos de distintas maneras, pero no hay quien no quiera la felicidad y la plenitud que brota del amor.

Amar. Diferencia entre la compasión mundana y la compasión cristiana.

El Papa Francisco, en su discurso a los jóvenes en Filipinas en enero del 2015, hizo una distinción que ha marcado una diferencia muy radical en mi manera personal de hacer apostolado y que ha hecho que el tema de la mirada cale más hondo en mi interior. Habló de la diferencia entre la compasión mundana y la compasión cristiana. Antes de explicar la diferencia uno podría pensar: "¿acaso puede existir una compasión tan indigna que tengamos que llamarla "mundana"? ¿Puede la compasión deformarse al grado de tener que despreciarla por ser mundana? ¿No es la compasión en sí misma una virtud noble y cristiana en su naturaleza? Estas preguntas nos llevan a replantearnos si los actos que a veces consideramos "compasivos" realmente lo son. ¿A qué llamamos compasión? Tal vez nos hemos acomodado en una especie de compasión que no exige lo mejor de nosotros mismos... muchos que se llaman "cristianos", al pasar por las calles y ver a un mendigo estirando la mano, meten la mano al bolsillo y buscan alguna monedita, o incluso algunos, en una racha de generosidad, sacan algún billete, se acercan al mendigo, le echan la limosna y sin más, se van. Llegan a sus casas sintiéndose satisfechos, orgullosos de sí mismos, seguros de que están aportando algo para cambiar el mundo. ¿Y cuál es el cambio que esto puede generar? ¿realmente una moneda o incluso un billete puede hacer tanta diferencia, no digamos en el mundo, sino tan siquiera en la vida de una persona? ¿es que realmente creemos que el dinero tiene ese poder transformador? Esto es a lo que el Papa llama compasión mundana: la compasión del que se alza el cuello y se enorgullece de haber hecho algo bueno, pero que no le compromete, no le implica poner toda la persona; es la compasión del que da muchas cosas, pero no se da a sí mismo. Es una compasión que tiene una respuesta inmediata y una salida rápida; no acepta meterse en el misterio de la pobreza, "ensuciarse un poco" con la miseria del otro, empatizar con él, sufrir con él, "vivir en la herida", como invita constantemente el Papa Francisco en sus múltiples predicaciones. Dice el Papa que "si Cristo hubiera tenido esa compasión, hubiera pasado, curado a tres o cuatro y se hubiera vuelto al Padre. Solamente cuando Cristo lloró y fue capaz de llorar, entendió nuestros dramas".

La compasión cristiana, entonces, está conectada con la capacidad de llorar. Llorar, no necesariamente con lágrimas en los ojos, pero sí con lágrimas que brotan del corazón y brotan de un contemplar con los ojos y no tener miedo de mirar a los ojos al que sufre, conectar con él y sufrir en nuestra propia carne lo que sufren los pobres. ¡Qué equivocados estamos cuando pensamos que lo único que necesitan de nosotros es el dinero! La misma gente que afirma que el dinero no es lo único que importa en la vida y que no es lo que hace feliz a las personas, es la gente que piensa que, con una limosna fría e impersonal, por muy generosa que pueda ser, va a cambiar el mundo y los corazones. Dicen que el dinero es lo que menos importa y, curiosamente, es lo único que saben dar, ¡y encima se enorgullecen! Éstas son las paradojas de la vida.

Y entonces nos preguntamos: si no es la limosna lo que necesitan, ¿entonces qué es? ¿a qué se refiere el Papa cuando habla de la compasión cristiana? Se me viene a la mente una experiencia muy fuerte que tuve en Medellín, Colombia. Trabajando con adolescentes, tenía un grupo de niñas de 14 y 15 años con un liderazgo extraordinario. Las proyecté y les encomendé un apostolado con los habitantes de la calle. A lo largo del año, hacíamos visitas a una fundación a la que llegaban los habitantes de la calle a recibir comida, pero hacíamos las visitas en la tarde, a una hora en la que los habitantes ya habían comido (o ya sabían que no comerían). Sabían que, lo que iban a recibir de nosotras no era comida. Cuando los convocamos, estábamos temerosas de que ninguno fuera a venir por pensar que no recibirían nada que saciara su hambre. Las primeras semanas recibimos sólo unos 10 ó 15 hombres, la mayoría señores mayores de 40 años, todos con adicciones a las drogas pero con la buena intención de tener un encuentro con las niñas. Parte de la capacitación que le di a las niñas consistió en recalcar mucho la importancia de la mirada: cada uno de los habitantes tendría que sentirse "mirado" por, al menos, una de ellas. En la primera reunión, las niñas tendrían que aprenderse todos sus nombres para que, a la segunda reunión, pudieran darles la bienvenida por su nombre, mirándolos a los ojos y con una enorme sonrisa. Fue conmovedor ver cómo, semana tras semana, el número iba creciendo. Comenzaron después a unirse jóvenes que, en otras circunstancias, yo personalmente habría mantenido lejos de las niñas, por cuidar su integridad: eran jóvenes fuertes, con miradas retadoras, con antecedentes criminales y con fuertes adicciones a las drogas y el alcohol y que, en apariencia, no nos miraban con mucha pureza que digamos. Incluso yo me sentí intimidada en algún momento. Sin embargo, ellos habían recibido la invitación de otros habitantes de la calle que les decían: "venga hermano, que se va a encontrar con angelitos que le mirarán a los ojos y no le tendrán miedo". Esto lo supe porque uno de esos jóvenes me lo dijo al despedirse después de su primera visita. Me tomó la mano y me dijo: "Gracias hermana Karla por no tenerme miedo y por enseñarle a sus niñas a no sentir miedo de nosotros." Sorprendida por lo que me decía (pues realmente era un tipo que, de haberlo visto en la calle, claro que me habría dado mucho miedo y jamás habría permitido que se le acercara a las niñas), me atreví a preguntarle cómo sabía que las niñas y yo no le teníamos miedo. Él me dijo: "A mí no me engañan, yo leo en los ojos cuando las personas me tienen miedo. Veo que para ustedes yo soy un hijo de Dios, ¡y hasta siento que soy bueno cuando estoy con ustedes!"

Al final de cada año cerrábamos con un evento llamado "Navidarte", todo organizado por las niñas (¡qué niñas tan valientes y entusiastas en el servicio!). Al evento traíamos 250 habitantes de la calle y conseguíamos 250 voluntarios, de manera que cada habitante se sintiera bienvenido, acogido y acompañado personalmente. Queríamos mostrarles que ellos merecían la presencia de otra persona a tiempo completo a su disposición. Ya que el evento comenzaba desde muy temprano en la mañana y terminaba a medio día, les dábamos un desayuno, un refrigerio y una comida espléndida; juegos con los que pudieran olvidar un rato el infierno que viven en las calles de esa ciudad, reflexiones que les ayudaran a entender que son dignos del amor de Dios y que son amados, que hay Alguien que los ama, los mira con amor y los llama por su nombre.

Muchas veces, especialmente durante la preparación tan desgastante del evento, yo me preguntaba en mis ratos de oración y en mis momentos de soledad si realmente valía la pena hacer tanto esfuerzo, desgastarme tanto por un evento que, a fin de cuentas, no sacaría a nadie de la calle, no sanaría a ninguno de esos hombres, a los que ya quería con todo mi corazón, de las adicciones tan profundas que tenían a todo tipo de sustancias, pecados y estilos de vida. Me preguntaba constantemente, "¿no estaré perdiendo mi tiempo?"

En el último Navidarte en el que tuve la dicha de estar presente tuve una experiencia que nunca olvidaré. Al final del evento, uno de los habitantes de la calle, antes de subirse al camión, se salió de la fila y se me acercó. Yo estaba hablando con otra persona, pero él decidió interrumpirme, me alejó del tumulto, tomó mis dos manos entre las suyas y me dijo: "Hermana Karla, míreme a los ojos". Mirándolo con un amor que me brotó sincero del corazón, él prosiguió: "Sepa, tenga la seguridad hermana, que usted está cambiando vidas. Mis amigos de la calle que no vinieron me quieren convencer de que esto es una tontería, y que estos jóvenes no hacen más que quitarme tiempo en el que podría fumarme unos buenos bazucos (éste es el nombre que le dan a un cigarrillo que contiene una mezcla de tabaco, marihuana y otras substancias adictivas); me insisten que tanto juego y alboroto que organizan para nosotros no va a cambiar nuestra situación; que, a fin de cuentas, volveremos a las mismas calles, a la misma miseria... pero yo le quiero decir que no es verdad. Éste es mi tercer Navidarte, y ¿sabe una cosa? Este día, es el único día del año que yo siento y recuerdo que soy una persona humana, digna, amada. Es el único día del año en que no soy tratado como un animal, sino como un rey. Yo la he observado a usted, y he visto en sus ojos que a veces duda si realmente vale la pena tanto esfuerzo, si realmente está cambiando el mundo. Yo quiero decirle (para este momento tanto él como yo teníamos lágrimas en los ojos), que usted está cambiando el mundo. Mire: yo vengo a este evento, estoy siete horas sin consumir drogas y sin la ansiedad que normalmente siento; soy tratado como persona. Con ello, mi mente se despeja, puedo pensar cosas bellas y la esperanza renace en mi corazón; brotan deseos de cambio y siento que salgo con la fuerza para dejar las drogas y empezar una vida nueva. Yo no sé si realmente dejaré la droga o no, pero lo que sí sé, es que aquí he experimentado que tengo una dignidad, y ya nadie me puede convencer de lo contrario, porque yo lo he experimentado, porque usted y sus niñas no me tienen miedo a pesar de todo lo malo que soy y que hago."

Sin más, el hombre me abrazó como pocas personas me han abrazado en mi vida. Nos volvimos a mirar a los ojos y él, al darse cuenta de que yo estaba llorando con él, me dijo: "Nunca nadie había llorado conmigo. Esto me dice más que cualquier discurso bellísimo."

Evidentemente, yo no necesité mucha ciencia ni sabiduría para darle a él el regalo que brotó naturalmente de mi corazón. Me leyó el alma por medio de mis ojos y con ello, tocó mi corazón renovándome por dentro. No planeé llorar, no planeé el silencio ante su dolor ni el respeto profundo que me inspiró y que él percibió en mi mirada. Simplemente dejé que fuera el corazón el que mirara y escuchara. Como pocas veces, experimenté aquello que el Papa llama la verdadera compasión, la compasión cristiana. Y esa compasión me sanó a mí también. Me hizo sentir la mirada de Dios a través de ese hombre sucio y maloliente que la gente, cuando lo ve en la calle, le huye. En su mirada yo también encontré respuestas y en su mirada me sentí comprendida y descubierta. Porque es verdad que hubo momentos en los que me pregunté si realmente valía la pena todo el esfuerzo y el desgaste que implica mover a un grupo de adolescentes a organizar un evento de tanta envergadura. No fueron sus palabras, fue su mirada. O más bien, fue que sus palabras confirmaron lo que intuí en su mirada.

¡Cuánto bien puede hacer esta compasión cristiana al que es amado, al igual que al que ama! Genera un círculo virtuoso en el que ya es difícil identificar quién es el amante y quién el amado: ambos corazones se conectan a través de los ojos y se sanan uno al otro en esa compasión, al constatar que ese otro *com-padece* conmigo. Las palabras podrán ayudar a clarificar lo que se dice con el corazón, pero el mensaje primordial es el que se da con la mirada: es en los ojos donde se esconde la potencia transformadora y arrebatadora que es capaz de doblegar los corazones más endurecidos.

A través de la mirada, pude conectar con el fondo de los corazones más temidos de la ciudad de Medellín y pude descubrir en ellos la belleza que es tan difícil de ver a primera vista. Y no solamente eso: yo misma admiré esa belleza y fui sorprendida por la belleza que salía de esos corazones a través de los ojos. Fui purificada por esa belleza al grado que tuve que llorar lágrimas para que saliera la suciedad y la desconfianza que había en mi alma. Ese hombre sucio, criminal, drogadicto, desecho de la sociedad, me limpió por dentro con una sola mirada. ¿Quién ayudó a quién? ¿Quién salvó a quién? Él dirá que yo le salvé del engaño de que es un animal, un ser sin dignidad. Yo puedo decir que él me salvó del engaño de que esas personas son infaliblemente indignas de confianza y admiración; me salvó también del desánimo en la entrega y del engaño de que mis esfuerzos a veces son tiempo perdido. Si hoy, después de años me sigo entregando con la misma o incluso con más pasión en todo lo que hago, es en gran parte por lo que ese hombre me dijo con su mirada. ¿Cuántos corazones más seguiré tocando por medio de mi consagración? Y él, ¿a cuántos otros habitantes de la calle podrá convencer de que no son un pedazo de basura sino que son definitivamente amados y amables? ¿Cómo saber dónde terminará esta cadena de amor que se desdobló con ese primer cruce de miradas? Sólo Dios sabe. Pido a Dios que me conceda la dicha de que, si no vuelvo a ver a ese hombre en esta vida, al menos me dé el honor de entrar con él al cielo y de que juntos podamos contemplar cuánto bien se desencadenó en tantas otras vidas por ese encuentro tan sagrado que tuvimos él y yo.

Ser amado. El anhelo de la belleza de un corazón que me ame incondicionalmente.

Alguna vez en una conversación recuerdo que hicieron la pregunta de qué es más fácil: amar o dejarse amar. Preferí escuchar las respuestas de todas las demás antes de dar mi punto de vista. En general, todas decían que les era más fácil dejarse amar y que amar implicaba mucha más virtud. Me sorprendió escuchar a todas las personas en esa conversación, casi unánimes y hasta cuestionándose el sentido de la pregunta, pues todas coincidían en que dejarse amar es muy fácil: es como dejarse apapachar, dejarse mimar y consentir. ¿Qué virtud puede implicar eso? Me sorprendí porque, al escuchar la pregunta, lo primero que se me vino a la mente fue que dejarse amar es mucho más difícil. Lo vi en mi mente con la misma obviedad con la que ellas vieron lo contrario. Escuchándoles su explicación pude comprender un poco su punto de vista. Sin embargo, los argumentos no pesaban tanto como la experiencia que yo he tenido de lo humillante que a veces puede ser el dejarse amar.

Creo que mi experiencia más contundente de lo retador que puede ser dejarse amar es con Dios. Aunque en el siguiente capítulo compartiré algo de esa experiencia, en este apartado puedo compartir otra experiencia en la que yo fui instrumento de Dios para que otra persona experimentara la humillación y la sanación de ese dejarse amar.

Esta experiencia la tuve con un sacerdote. Creo, personalmente, que por lo mismo de que se trataba de un sacerdote de Cristo, es la experiencia que más me ha removido por dentro, en la que más me he sentido comprometida con la persona y de la que más lecciones he sacado y sigo sacando, a pesar de que ocurrió hace ya muchos años. Siempre he sabido y escuchado que en la Iglesia hay pecado. ¡todo el mundo lo sabe! Lo sabemos porque nos lo dicen, y lo acogemos aparentemente sin problemas. Dicho en teoría, no nos escandaliza. De hecho, nos escandalizaría más si alguien dijera que en la Iglesia somos todos perfectos e impecables. El conflicto surge cuando ese pecado, o más bien, esos "hombres de Iglesia" que deberían de ser ejemplo a seguir, vierten su pecado contra nuestra persona o al menos frente a nuestra persona. Entonces nos escandalizamos, nos asombramos como si toda la vida nos hubieran enseñado que no hay pecado en la Iglesia, como si fuera inconcebible que un sacerdote o un alma consagrada pudiera cometer semejantes atrocidades. No quisiera que lo que cuento a continuación pueda menguar la fe de nadie o robar la confianza en los sacerdotes. Bien sabemos que, si recurrimos a ellos, no es porque nos aseguren no tener pecados, sino porque Dios se vale de ellos para llegar a nosotros y su gracia pasa *por* sus instrumentos, *sin* sus instrumentos, y muchas veces -a decir verdad, la mayoría de las veces- también *a pesar* de sus instrumentos. La presencia del pecado en la Iglesia es una realidad que no podemos negar. ¡Y bendito sea Dios! Si en la Iglesia hay espacio para los pecadores, entonces hay espacio para mí y para ti. Aquí estamos a salvo.

Pues bien, hace algunos años coincidí con un sacerdote que me pareció bastante parlanchín y bromista desde el día que nos conocimos. No tengo nada contra los padres alegres y bromistas... ¡todo lo contrario! Simplemente que este cura parecía que vivía todo el tiempo como en la superficie, parecía que no tenía la capacidad de ahondar en temas de vida espiritual e incluso hacía bromas irónicas y burlonas al respecto. Al cabo de pocos días de haberlo conocido, le pregunté si no le había ayudado una plática a la que asistimos juntos. Me contestó que no le ayudó en nada, que le parecía lo mismo de siempre. Me sorprendió muchísimo, ya que a mí personalmente me había tocado el corazón y hasta las entrañas. Comenzamos a platicar, yo tal vez curiosa por la polaridad que había entre él y yo, queriendo entender su forma de ver y vivir la vida tan... ¿simple? Parecía nunca tocar el fondo de las cosas y, al mismo tiempo, aparentaba estar muy contento y satisfecho, como si no tuviera necesidad de más. ¿Cómo un sacerdote podía sobrevivir con tan poca profundidad espiritual? Efectivamente, la conversación comenzó a desvelar el vacío que él llevaba dentro. Le pregunté si alguna vez se había preguntado qué le motivaba a ser sacerdote y por qué perseveraba en semejante vocación si parecía no tener las fuerzas ni las ganas de remar mar adentro. Él, pensativo, me dijo que llevaba un infierno por dentro por varios apegos que tenía pero que, sin embargo, no estaba dispuesto a desprenderse ni tenía el más mínimo deseo de dejar esa vida que lo dividía cada día más.

En aquel entonces me sentía muy joven aún como para estar yo aconsejando a un sacerdote. De hecho, pienso que siempre me sentiré absolutamente inapta para ello. La conversación me empezó a intimidar y, por un momento, pensé en echarme para atrás, escabullirme y dejar la cosa así, como estaba. Pero ya era demasiado tarde. El padre me había hecho ya confesiones muy personales y supe que yo era la primera persona a la que le abría de esa manera el corazón y la consciencia. Me contó su desesperación, consciente de la gravedad de su pecado, sintiéndose poco menos que una basura digna de ser pisoteada y rechazada por Dios. Me confesó haber perdido la esperanza, tanto para cambiar en esta vida, como para salvar su alma.

¿Qué podía yo aconsejarle? Este sacerdote odiaba su vida de pecado, pero al mismo tiempo no quería soltarla. Por un lado, sentía repulsión a tantos vicios que lo enredaban y lo tenían a su merced, y sabía perfectamente que todo ello era la causa de su sufrimiento. Pero, por el otro lado, el apego era tan fuerte que no parecía que pudiera vivir sin ellos. Odiaba las exigencias de su vocación sacerdotal pero al mismo tiempo se aferraba a ella como a su gran y único tesoro.

Como es de suponerse, en ese momento no le aconsejé nada. Sólo le escuché y dejé que se desahogara. Le abracé al final y le dije que rezaría por él y que, a partir de ese momento, me comprometía con él para ayudarle a encontrar la felicidad que tanto anhelaba su corazón. Lo único que me contestó en ese momento fue: "No pierdas el tiempo rezando por mí. No tengo remedio."

Al cabo de algunos días, que para mí fueron días de intensa oración y penitencia, sufriendo por imaginar el sufrimiento que él llevaba en el corazón y que también estaba ocasionando en la vida de otras personas involucradas en su pecado, pedí mucha luz al Espíritu Santo para poder ayudar de la mejor manera posible y no estorbar a la gracia. Tenía mucho miedo: sabía que el pretender ayudar a un sacerdote era toda una osadía para la que no me sentía ni digna ni capaz. Por otro lado, sabía también que no podía simplemente darme la vuelta y continuar mi vida como si nada hubiera pasado. Me preguntaba mucho a mí misma por qué Dios había permitido que él tuviera la confianza de hacerme semejantes confesiones, cuando no la había tenido con absolutamente nadie más (gracias a Dios sí lo había llevado algunas veces a confesión, pero siempre había quedado allí, enterrado bajo el sigilo sacramental). El haberlo dicho a una persona, independientemente de que fuera yo o cualquier otra, era ya un paso adelante, con el que él ya quedaba de alguna manera comprometido ¡al menos con una persona! ¿Y me iba yo a dar la vuelta dejando las cosas así, sabiendo que podía ser el primer paso de todo un camino de conversión? Después de pedirle mucha luz al Espíritu Santo y consejo a mi director espiritual, decidí mantenerme cercana a él.

Una noche en oración frente al Sagrario, Jesús me inspiró, entre otras cosas, hacerle al Padre una especie de préstamo. Nosotras, las consagradas del Regnum Christi, al consagrarnos a Dios, recibimos un crucifijo. Normalmente es un crucifijo grande, de metal. Éste es nuestra única posesión. Todas las demás cosas que usamos en realidad las usamos con el desprendimiento de quien usa algo que no le pertenece.

Pues bien, al día siguiente lo busqué, y puse mi crucifijo en sus manos. Le dije que no era un regalo, pero que le pedía conservarlo y cuidarlo. Le pedí prometerme que no me lo devolvería hasta que recibiera la gracia que necesitaba para salir de esa situación de pecado y alcanzar la gracia de la fidelidad a su vocación. Mientras yo le explicaba esto con voz temblorosa (pues para mí fue muy doloroso tener que desprenderme de mi crucifijo, por todo lo que simboliza en mi vida consagrada), él solamente me miraba. En cuanto escuchó la condición que le ponía me lo quiso devolver y mirándome a los ojos, también con lágrimas en los ojos me preguntó: "Pero Karla, ¿por qué haces esto? ¿No te das cuenta de que no tengo remedio? ¡No lo valgo! ¡No te desgastes ni sufras por mí, no valgo la pena! ¡Te aseguro que, si acepto, no volverás a ver tu crucifijo!" Yo tomé mi crucifijo y se lo metí en el bolsillo del saco diciéndole que no era una pregunta, que Cristo me había pedido hacer eso y yo solamente estaba obedeciendo. Él se resignó a aceptarlo. Nos miramos a los ojos y ahí puedo decir que se dio el efecto demoledor. En ese momento él supo que había alguien que, conociendo sus miserias como nadie las conocía hasta ese momento, era aun así capaz de confiar y de apostar a ese grado por él. En ese momento yo, por mi parte, caí en la cuenta de lo que realmente implica el ponerse en juego por las personas que Dios pone en mi camino. Ahí me di cuenta del ofrecimiento tan gozoso y al mismo tiempo sacrificial que Dios me concedió hacer por el bien de este sacerdote. Ahí, él supo que tenía esperanza, porque experimentó, a través de la confianza de una persona de carne y hueso, la infinita confianza que Dios tiene en Él, lo mucho que Cristo anhela darle el abrazo eterno al final de su vida. Ahí, yo supe que mi misión, mi carisma personal, mi pasión y mi gran reto, es acompañar a las personas: acompañarlas sin miedos, libre en el amor y al servicio del amor.

¡Y cuántas otras lecciones se han desdoblado en ambos corazones después de ese encuentro de miradas! Cuántas puertas, que ni siquiera sabíamos que existían en nuestra vida espiritual -él por su lado y yo por el mío-, se abrieron para dar paso a horizontes vastísimos de nuevas formas de amar y de vivir nuestras vidas consagradas a Dios. Cabe mencionar que el padre me devolvió mi cruz ese mismo año. Y el proceso de conversión continúa, tanto en su corazón como en el mío.

No me detengo aquí a narrar toda la historia de conversión y cómo fue que él recibió la gracia de las gracias. Sin embargo, sí me detengo en el anhelo que él tenía en su corazón de ser amado incondicionalmente. ¿Cómo habría podido alguien -cualquier persona- amarle en sus miserias si nunca las hubiera dado a conocer? Este sacerdote se supo amado incondicionalmente en el momento en el que supo, por la mirada, que no era juzgado. Más aún, se supo amado cuando vio que existía una persona que era capaz de comprometerse con él como si valiera oro, como si fuera un hombre digno del sacrificio. Le bastó una sola persona que confiara en él y que se atreviera a amarlo tal como era, para él poder recobrar la confianza en sí mismo y poder dar los pasos necesarios para la conversión del corazón. En esa mirada, su gran anhelo de saberse amado se vio saciado.

II. La teología de la mirada.

Entramos ahora en el capítulo que representaría el corazón de este libro. Hablar del poder de la mirada tiene sentido solamente cuando la situamos bajo la perspectiva de la mirada de Dios. Si el ser humano puede sentirse destruido por dentro con una sola mirada, es porque, en lo secreto de su corazón, anhela -consciente o inconscientemente- encontrar una mirada que le confirme que hay Alguien que es capaz de mirarle con un amor que no termine. Si experimentamos el efecto demoledor con las miradas ajenas es solamente porque esas miradas son tan sólo una tesis o una antítesis de La Mirada que anhelamos recibir. En el fondo, todos los hombres necesitamos de esa mirada incondicional. Todos anhelamos la belleza de un corazón que pueda amarnos incondicionalmente. Es una belleza que no tenemos para dar y que tampoco merecemos recibir pero que, sin embargo, necesitamos tanto. Todo ser humano necesita que exista alguien, al menos una persona, que pueda amarle a pesar de todo lo que es y a pesar de todo lo que no es. Y qué dichosos debemos sentirnos, porque ese alguien existe: se llama Jesús. Él es la belleza anhelada. Él me salva de la desesperanza. Sólo Él me mira con verdadero amor porque sólo Él puede amarme como me ama a pesar de conocerme como me conoce. ¡Sólo Él puede! Las demás miradas, por mucho que se asemejen, serán tan sólo un reflejo imperfecto de esa mirada bendita que da sentido a toda la existencia humana. Es gracias a su mirada que podemos sobrevivir ante las otras miradas y descubrimos que, en realidad, sin esa mirada, nos falta todo y con esa mirada, nos sobra todo lo demás.

1. Buscando la mirada de Dios.

Ahora bien, si esa mirada resulta tan bella, tan trascendente, nos podemos preguntar: ¿dónde la consigo? ¿qué tengo que hacer para experimentarla? Como mencioné al explicar la mirada responsiva sobrenatural, nadie puede provocar el encuentro con la mirada de Dios. Él es libre y soberano y quiere ser Él quien decida cómo y cuándo. ¡Y menos mal que es así! Muchas veces me ha pasado que, con el paso del tiempo, agradezco que las cosas no se hayan dado como yo habría dispuesto y que Dios no haya hecho caso a mis oraciones.

Dice Jacques Phillipe en su libro "Tiempo para Dios" que la oración es el acto más humilde que puede realizar el ser humano, puesto que, en la oración, en realidad es Dios el que actúa y nosotros no podemos sino solamente postrarnos frente a Él para esperar que Él haga su obra en nuestro corazón como a Él y cuando a Él le parezca mejor. Todos seremos más o menos buenos para hacer determinadas labores: podremos dar alguna plática, organizar algún proyecto apostólico, aconsejar a los que se sienten confundidos... pero orar, es algo que se sale de nuestras manos. A veces la oración se reduce a ser un tiempo de espera silenciosa, paciente y humilde, en el que mantenemos el corazón atento a nuestro Dios que puede, si quiere, permanecer en silencio y oculto. De la misma manera, podemos buscar a Dios, podemos suplicarle que nos regale la experiencia de su mirada, pero sólo Él puede decidir cómo, cuándo y dónde concedernos la dicha de sentir su mirada.

Dado que el experimentar su mirada es una necesidad vital de nuestro corazón, tenemos la certeza de que Él nos la dará en su debido momento. De hecho, si reflexionamos un poco y recurrimos a la memoria, posiblemente encontremos enterrados entre nuestros recuerdos algunos momentos en los que ya hemos experimentado la mirada de Dios. Detente en la lectura por un momento y pregúntate: ¿puedo recordar en mi vida algún momento en el que haya experimentado la mirada de Dios? ¿Qué fue lo que provocó esa experiencia? ¿Y qué generó esa mirada en mi interior? ¿Hubo algo que cambió en mí? ¿Qué aprendo de esa mirada para mi vida y para mi forma de mirar a las demás personas? Será muy útil preguntarnos cuáles fueron los sentimientos que esa mirada generó en mí; luego, qué convicciones salieron de esa experiencia y finalmente podemos preguntarnos si mis decisiones han tomado algún rumbo distinto después de esa mirada.

Ojalá mi querido lector haya encontrado el recuerdo de al menos una mirada de Dios en su vida. Basta un solo recuerdo para poder decir que ya hemos sido tocados por la gracia transformante de la mirada de Dios. Si es que no se nos viene a la mente ningún recuerdo, no importa. ¡No significa en absoluto que Dios nos haya abandonado! Significará, posiblemente, que está aguardando al mejor momento para sorprenderte con su mirada en el momento en el que menos te lo imagines. Significa, tal vez, que Dios te está buscando y posiblemente la lectura de estas páginas sea el acercamiento que te lleve al momento culminante. ¡Pido a Dios que así sea!

Y aún si ya contamos con al menos una experiencia, Dios no se cansa de buscarnos y no se conforma con una sola mirada. Él sabe que no podemos vivir de un vago recuerdo de lo que pasó hace muchos años. Los hombres no nos damos abasto con un gesto de amor para entregar nuestra vida entera al amado; necesitamos estar renovando constantemente el amor, tanto para darlo como para recibirlo. Así somos los hombres, y Él conoce nuestra debilidad. Él está listo para un nuevo encuentro con nosotros. De hecho, cuando más pensamos que somos nosotros los que estamos buscando a Dios, en realidad es Él quien nos está buscando con más intensidad. "No me eligieron ustedes a mí; fui yo quien los elegí a ustedes." (Jn. 15, 16)

Desde el primer momento en que sentimos deseo de la mirada de Dios, podemos tener la certeza de que es Dios quien puso en nuestro corazón ese deseo, puesto que es Él quien arde en un gran deseo por mirarnos y por que nos dejemos mirar por Él. Es una locura de amor, pero es Dios quien tiene sed de nosotros. Tiene sed de mí.

Es por eso que, mi primer consejo para los que sienten la nostalgia por una mirada de amor que les diga que todo está bien, que son definitivamente amados, será el de llegar frente a Dios con una actitud humilde, dócil y dispuesta a esperar lo que haya que esperar pero también con la confianza y la alegría secreta en el corazón de que el sólo pedir una gracia es ya una forma de poseerla. El sólo desear sentir esa mirada es ya en sí misma una gracia o, mejor dicho, el comienzo de esa gracia desbordante que "demolerá" todo aquello que, en mi corazón, no me permite amar y saberme profunda y definitivamente amado.

Cabe aclarar también que la mirada de Dios muchas veces nos llega a través de la mirada de otras personas. De hecho, desde su Encarnación en el seno de María, conocemos de Dios que a Él le gusta "encarnarse" una y otra vez: busca personas que se presten, que presten sus ojos, su tiempo, sus palabras y sus talentos para encarnarse, de manera que pueda hacerse visible a las personas que aún no lo conocen. Nuestro Dios es un Dios litúrgico. Es decir, es un Dios a quien le gusta hacerse visible por medio de signos externos y de mediaciones humanas. Él utiliza la belleza de la creación, incluyendo en ella los ojos humanos que son la ventana más bella hacia el interior de la persona, para revelarse a los hombres. Ahí también podemos buscar a Dios con la seguridad de que es uno de sus "Belenes" preferidos para venir a la tierra de nuestro corazón.

La mirada de Dios como punto de partida.

Muchos cristianos quieren vivir su fe empezando por el final y saltándose el paso más importante. Por ponerlo de otra manera, quieren construir su vida espiritual y apostólica sin antes poner los fundamentos para que ese edificio espiritual no se derrumbe con cualquier ventarrón. Lanzo aquí más preguntas: ¿Qué se da primero en la vida cristiana: la experiencia del amor de Cristo o la fidelidad a sus mandamientos? ¿Es necesario primero vivir sus mandamientos para luego experimentar su amor o, más bien, necesito primero experimentar su amor para poder ser fiel a los mandamientos?

Ciertamente, los hombres estamos dotados de fuerza de voluntad que es capaz de expandir sus límites mucho más allá de lo que alcanzamos a prever. Sí, es verdad que muchos cristianos comenzaron a vivir su vida cristiana más por obediencia a sus papás, que los obligaban -

amablemente- a ir a Misa todos los domingos; los llevaban a la catequesis para la primera comunión y les hacían rezar el rosario con frecuencia, si no es que todos los días. Poco a poco, algunos de esos cristianos comenzaron a cuestionar si su fe era la verdadera y, en esa fidelidad a lo prescrito, fueron poco a poco descubriendo a un Dios tierno, cercano y amoroso. Esto se daba mucho el siglo pasado, especialmente antes del Concilio Vaticano II, pues la mentalidad de aquella época aún daba mucho ascendiente moral a la autoridad religiosa por el simple hecho de serlo. El Espíritu Santo no necesitaba idear maneras de atraer la atención de los hombres puesto que ellos se sometían a lo establecido por los mandamientos sin poner demasiada resistencia. Hoy en día, la mentalidad que permea las sociedades en las que vivimos en la gran mayoría de países, al menos del mundo occidental, lleva a los hombres a cuestionar a la autoridad y a buscar la propia autonomía, incluso si eso va en contra de las reglas establecidas. Aunque esto ha sido llevado a sus extremos en muchos casos, no es necesariamente malo: las personas en general buscan la verdad y no tienen miedo de cuestionarse a sí mismos. Esta nueva mentalidad nos abre al sano conflicto de ideas en el que podemos crecer y fortalecer nuestras convicciones si es que nos lanzamos a escuchar y a dejarnos confrontar. Todo esto ha obligado al Espíritu Santo a idear nuevas formas de llegar al interior de la persona. Ese término de "Nueva Evangelización" que tal vez ya hemos escuchado en el ámbito eclesiástico, se refiere precisamente a este cambio de mentalidad al que la Iglesia y sus agentes pastorales deberán de ajustarse para poder seguir transmitiendo a los hombres la fuerza revitalizadora y la esperanza consoladora del Evangelio.

Por ello, hoy en día la Iglesia nos pide buscar primero, antes que nada, el rostro de Cristo, confiando en que la experiencia fascinante de esa visión moverá nuestro corazón a enamorarse más de esa verdad que se presenta tan bella, tan dulce y tan atractiva, nuestras voluntades a la vivencia fiel de los mandamientos de Dios y de la Iglesia y nuestro intelecto a buscar con más rigor lógico y objetividad la verdad en la que todo tiene sentido. Sí, hoy en día Cristo quiere ser el primero en nuestras vidas, porque quiere que vivamos vidas auténticas; quiere que vivamos nuestra fe, no por una fría secuencia generacional, sino por una convicción profunda que hunda sus raíces en la experiencia del encuentro con la persona de Cristo. ¡Cuánto han predicado al respecto los últimos Papas!

Cuánto ayuda en este ámbito reflexionar en la parábola del hijo pródigo (Lc. 15, 11-32). Cuando la leemos, solemos pensar que el hijo menor fue el infiel, y que el hijo mayor fue seguramente el consuelo del Padre misericordioso en todos esos años en que el hijo menor estuvo desaparecido. Pero, ¿nos hemos puesto a pensar en que tal vez él también vivía espiritualmente lejos del Padre, a pesar de que habitaban bajo el mismo techo? Su reacción ante la llegada de su hermano menor delata la distancia tan abismal que había entre él y su padre. Su reclamo por no haberle matado el ternero cebado a pesar de haberle servido sin jamás haber desobedecido sus órdenes, nos deja ver que él vivía obedeciendo a un patrón, más no a un padre. Él no era para su padre un hijo amoroso y cercano, sino un siervo temeroso y mercenario que obedecía sólo esperando el día en que el patrón le recompensara con el ternero gordo. El hermano mayor sí, ciertamente se quedó en casa, como muchos católicos se quedan "en casa", van a Misa los domingos, sirven al Señor sin desobedecerle en nada. Pero miran con el rabillo del ojo a los que pecan y experimentan una secreta envidia -muy secreta, por supuesto- y una nostalgia por un amor del que no se sienten y no se saben herederos. Viven tan cerca y al mismo tiempo tan lejos del Padre misericordioso que todos los días mira por la ventana esperando el regreso de ambos hijos: uno que se perdió buscando la felicidad en otro lugar y otro que no supo encontrarla en la casa del Padre. Tal vez el hermano mayor pensó que obediencia era igual a felicidad e ignoró que es el amor y no la obediencia fría el que lleva a la auténtica felicidad.

No quiero decir con esto que no es importante obedecer. Cristo nos salvó por la obediencia y, a fin de cuentas, la obediencia es la piedra de toque en la fidelidad a Dios y a su voluntad. Sin embargo, Cristo quiere una obediencia que brote desde el corazón y no solamente desde la fuerza de voluntad. Lo que quiero decir con todo esto, es que no podemos dar por hecho que tenemos la felicidad ganada con el simple hecho de que cumplamos cada coma de la ley de Dios. Eso no basta. Conozco muchas personas que son más fieles que yo, que soy consagrada y, sin embargo, no son felices. Y todo porque no han buscado encontrarse con esa Mirada, con La Mirada que hace que todas esas reglas y prescripciones adquieran sentido y que sea una dicha vivirlas y no un fardo insoportable. ¡Qué fácil es obedecer al que se ama! Y qué pesado puede ser el someterse a un patrón que inspira más miedo que ternura.

Es por esto que la Mirada de Dios es el punto de partida para vivir la vida cristiana y para encaminarnos por el camino que lleva a la felicidad. "Tu rostro buscaré Señor, no me escondas tu rostro." (Sal. 27, 8-9) Sólo en la experiencia personal de esa mirada puedo comenzar mi propio proceso de sanación interior. Comenzar con la obediencia rígida, no digo que no vaya a funcionar pues, a fin de cuentas, Dios puede obrar como a Él le plazca en nuestros corazones, pero sí digo que no establece el ambiente interior propicio para que se dé la sanación y la reconciliación con nosotros mismos, con Dios y con los demás.

Es por esto que, si queremos crecer en nuestra fe y encaminarnos rumbo a la santidad; si queremos transformar nuestra mirada para que en ella seamos reflejo vivo de esa mirada misericordiosa del Padre de bondad, primero tenemos que dejarnos mirar por Cristo. Su mirada es, en definitiva, el punto de partida. Su mirada hace que nuestra lucha fatigosa por alcanzar la salvación se convierta en un deleite; su mirada lo hace todo más fácil, más creíble, más coherente y lleno de profundo sentido. Después de haber sido tocados -heridos- por su mirada, las verdades de fe se presentan todas conectadas bajo un solo prisma; todas ellas adquieren sentido pues se les ve como parte de un sistema que forma un todo simple, sencillo, armonioso y lleno de coherencia y es un todo que apunta a una sola verdad: en su mirada descubrimos que somos definitivamente amados, inmerecida pero incondicionalmente amados y que no hay nada que podamos hacer que le lleve a Él a amarnos menos.

La mirada como punto de llegada

Ahora bien, es importante que también reflexionemos en la otra cara de la moneda. Aunque hemos dicho que la mirada de Dios es el punto de partida para la sanación interior y, finalmente, la felicidad, también es cierto que la mirada puede ser también un punto de llegada después de una árida búsqueda en la que todos los esfuerzos humanos hayan quedado comprometidos. La santidad normalmente brota como una respuesta, como un deseo de corresponder después de haber experimentado el don gratuito y siempre inmerecido del amor incondicional de Dios. Sin embargo, ¿no podría Dios actuar a la inversa? Ciertamente, a Dios nadie lo gobierna y sus formas de proceder muchas veces rompen todos los esquemas mentales. Tanto es así que Él puede perfectamente llevarnos a niveles altos de santidad sin necesidad de antes habernos otorgado la experiencia de su amor. ¡Cuánta virtud implicará este camino! Puede ser que al final de todo un camino de santificación y purificación interior, Él quiera hacernos experimentar su tierna mirada en la que todo de repente adquiera pleno sentido.

Personalmente no sé lo que esto significará de sufrimiento en el corazón, puesto que a mí Cristo siempre me ha mimado con sus constantes golpes de gracia. Su mirada me ha perforado el corazón tantas veces y esas heridas de amor se han vuelto de tal manera mi sostén y mi motor, que no sé lo que significará tener que seguir avanzando sin eso que para mí ha sido la única fuente de auténtica energía para poder amar. Pienso, por ejemplo, en Santa Madre Teresa de Calcuta. ¡Sufrió tantos años la experiencia misteriosa del abandono de Dios! Y todos la vimos entregarse con un amor titánico, incansable y genuino. Y es que Dios le enseñó lo que es el amor incondicional, a base de pedirle una entrega a la que Él no correspondió con gestos sensibles, con experiencias místicas ni efectos demoledores de ningún tipo. Todo en su interior era un desierto solitario y abandonado. ¿Cómo habrá sido ese cruce de miradas al encontrarse con Cristo cara a cara al final de su vida, después de tantos años de desolación espiritual? En este caso concreto, La Mirada fue el último punto de llegada. Menos mal que Dios sabe que no todos los hombres tienen ese aguante y esa heroicidad. Si ya de por sí es difícil comenzar la carrera de la vida espiritual sin la experiencia de esa mirada, Él no haría esperar a la mayoría de los mortales hasta el final de su vida para concederles ese encuentro de miradas. Él, en su bondad, hará que esas pequeñas carreras que emprendemos movidos más por un esfuerzo humano o una mera certeza racional, sean coronadas con la experiencia tan anhelada y tan necesaria. Entonces, esa experiencia -que en ese momento es el punto de llegada-, se convierte en un nuevo punto de partida. Nuestra vida entera es un constante peregrinar hacia el cielo. En ese peregrinar, vamos escalando montañas, por decirlo de alguna manera. Podríamos decir que cada cima es un punto de llegada, pero al presentarnos tal paisaje, tal espacio para el descanso después de la fatiga; al ofrecernos esa sensación de libertad, de logro y victoria, esa cúspide se vuelve un nuevo punto de partida que inspira y otorga las fuerzas necesarias para emprender una nueva travesía buscando con la mirada una cima que sea más alta. De esa misma manera, cada mirada de Dios se vuelve un calmante y al mismo tiempo un aliciente de esa sed de eternidad que todos los hombres llevamos en el corazón.

Cristo se quiere dar con tal intensidad a nuestras almas que de un encuentro hace que broten nuevas convicciones en nuestro interior; se genera todo un proceso de purificación por el que nuestra mirada se vuelve cada vez más transparente y, por ende, más capaz de mirarle a Él y a los demás con un amor renovado. Esta nueva mirada no puede no generar un nuevo encuentro con La Mirada. Podríamos decir que el juego de miradas entre Dios y el alma va generando un constante redescubrimiento mutuo y con ese redescubrimiento, nace el asombro, la conmoción, el éxtasis en la contemplación de la belleza hasta ese momento velada. Se genera algo así como un círculo virtuoso, o un círculo ascendiente en el que, cuanto más me dejo mirar por Él, más purifico mis ojos y me capacito para ver su mano en todos los sucesos de mi vida.

Cuanto más soy consciente de su presencia en mi vida, más posible es que vuelva a experimentar su mirada de amor que va calando más y más hondo en el corazón.

2. Necesidad de sanar y descubrir mi propia verdad.

"El ojo es la lámpara del cuerpo. Si tu ojo está sano, todo tu cuerpo está iluminado; pero si tu ojo está enfermo, todo tu cuerpo está en tinieblas. Y si la luz que hay en ti es tiniebla, ¡Qué grande será la oscuridad!" (Mt. 6, 22-23)

Recordemos por un momento al perrito gruñón que entró en la casa de espejos. ¡Cuánto ayuda entender ese cuento cuando lo leemos a la luz de este pasaje! Ciertamente, el ojo es la lámpara del cuerpo. Es por los ojos que vemos en los demás un reflejo de lo que llevamos dentro. El ojo, que está conectado con el corazón, enfermará irremediablemente si el corazón está enfermo. Es entonces cuando la visión del mundo se trastorna. Es por esto que se vuelve imprescindible el que descubramos nuestra propia verdad y la reconozcamos con sencillez y humildad pues, de lo contrario, nuestra visión del mundo se deforma y, dado que la mirada es como un músculo espiritual, si la habituamos a ver desde la deformidad de nuestro corazón, después se volverá más difícil recobrar la salud tanto del corazón como de los ojos: ese mundo herido que vemos terminará por hacer más honda la herida del corazón.

Si llevamos el asunto a sus últimas consecuencias, el daño no se agota en la persona que lleva la herida en su corazón. Esta herida, a través de la mirada, se expande hacia el exterior, penetrando, por medio de la mirada ajena, en el corazón de las personas a las que miramos. Digamos que los ojos son el canal por el que pasa -en este caso- la podredumbre que llevamos dentro. Podríamos incluso decir que, así como hay enfermedades físicas que se transmiten por el contacto físico, también hay enfermedades emocionales y espirituales que se transmiten por el contacto visual.

Pregúntate en este momento: ¿Cómo veo el mundo que me rodea? ¿Qué pienso de las personas con las que convivo todos los días? En general, ¿tiendo a enfocarme en lo bueno o en lo malo de las personas y de las circunstancias que van tejiendo mi vida? Con estas preguntas podremos ir haciendo un diagnóstico de qué tan enfermo puede estar nuestro corazón, y de qué tanto necesito de esa mirada redentora. ¿Qué tan propenso soy a sentir odio o rencor hacia las personas? ¿Me es fácil perdonar y olvidar, o me quedo estancado en la recriminación, el reproche y la amargura por pensar que mi vida sería diferente si no fuera por el daño que otros me han hecho?

Cuanto más odio tengo en el corazón, más evidente es que llevo una herida que necesito sanar. Para explicar esto, muchas veces he recurrido a la siguiente analogía: imagina que tienes en el brazo derecho una herida muy grande. Como es tan grande y está tan fea, y tienes tanto miedo de no poder sanar, decides ignorarla, engañándote a ti mismo con la falacia de que con el tiempo cerrará y pasará. La ocultas a la vista de los demás pues te apena que la vean: quieres mostrarte fuerte, valiente y siempre autosuficiente. Un día, llegan dos amigos a visitarte y los dos están enojados contigo por cualquier razón. Uno de ellos te insulta y te da un manotazo en el brazo izquierdo (el brazo que no tiene ninguna herida). No es muy fuerte el golpe, pero de cualquier manera es una falta de respeto. ¿Cuál es tu reacción? Tal vez le miras con despecho pensando: "¡¿Cuál es tu problema?!" pero seguramente pasa rápido el enojo y continúas con tu vida normal. En cambio, el otro amigo, que también está enojado contigo, te dice exactamente el mismo insulto y te da un manotazo igual de fuerte que el del otro amigo, pero éste te lo da en el brazo derecho, justo donde tienes la herida. ¿Cuál será tu reacción? ¿Será igual que la anterior? ¡Qué difícil será contener el enojo desbordante, desquiciante y explosivo que emergerá desde el fondo de tus entrañas! Tanto la reacción interior (la ira efervescente en las entrañas) como la exterior (la agresividad e impulsividad explosiva para con el agresor), serán totalmente desproporcionadas al hecho como tal. Sí, podrá haber sido objetivamente una falta de respeto, pero por alguna razón parece que te engancha en un sentimiento de rencor y de dolor profundo generando una sensación de haber sido herido en lo más hondo. ¿Te será fácil olvidar y continuar con tu vida como si nada hubiera pasado? Ciertamente no, pues el manotazo ha abierto más la herida, y ahora se ha infectado. El pus comienza a salir y se vuelve más difícil ocultarla pues incluso su mal olor te delata e incomoda a todos los que te rodean, incluso a ti mismo.

Pero, ¿qué ha pasado? ¿No es acaso la misma acción que la del primer agresor? ¿Por qué será que me molestan tanto algunas acciones que a otras personas les son totalmente indiferentes o que en otros momentos de mi vida no me habrían afectado de la misma manera? ¿Por qué a veces nos enganchamos tanto en situaciones que, objetivamente, no deberían de tener esa importancia en nuestro interior y les damos más poder del que les corresponde? Ojalá tuviéramos el valor de encarar nuestros enojos con la consciencia de que, cada uno de ellos, me muestra aspectos de mi persona que *yo* tengo que cambiar, que *yo* tengo que mejorar. El enojo no es un indicador del mal que nos hacen los otros, sino del mal que ocultamos en nuestro interior.

El enojo, por otro lado, también nos muestra otra área en la que debemos ser purificados y es la capacidad que tenemos para amar con un amor incondicional. Tanto el enojo como la decepción en las relaciones humanas evidencian mi incapacidad de amar con un amor incondicional. Basta un poco de sentido común para reconocerlo: ¿Qué quiero decir cuando digo que amo a una persona? ¿Acaso no debería significar por lo menos -¡por lo menos!- que la honro y la respeto como persona y que, en consecuencia, respeto su dignidad y su capacidad de tomar sus propias decisiones aceptándola tal como es? Pero si no respeto sus decisiones y decido enojarme o decepcionarme por el hecho de que tal vez arruinan mis planes, me incomodan, me causan molestias o simplemente no van con mi parecer... ¿será que realmente estoy amando incondicionalmente? ¿No será más bien que estoy pretendiendo utilizar a la persona para mi propio provecho y bienestar lanzando un reclamo en el primer momento en que no me satisface? ¿Por qué me tomo personal las decisiones que otras personas hacen en sus vidas y me engancho como si fueran decisiones sobre mi vida?

¡Cuánto no tuvo Cristo que cambiar sus planes por los desplantes y las terquedades de sus apóstoles! ¡Cuántas veces no habría podido sentir decepción de ellos! Sin embargo, siempre mostró una actitud proactiva que le llevaba a tomar nuevas decisiones para resolver los problemas en los que sus apóstoles lo metían. Su amor a los suyos era incondicional: no hubo decisiones que le hayan llevado a dejar de amarlos. Cuando supo que Judas lo traicionaría, no lo echó del grupo ni decidió planear una emboscada para delatarle frente a los demás apóstoles, que habrían defendido a capa y espada a su Maestro. Él respetó la decisión tomada, trató de convencerlo de no hacerlo, trató de mover su corazón llamándolo amigo, compartiendo con él ese momento tan entrañable de la última cena. Podemos imaginar cómo lo habrá mirado a los ojos cuando profetizó que uno de ellos lo iba a traicionar, y cuando recibió su beso en el huerto. ¡Cuánto habrá querido Jesús demoler con su mirada en el corazón tan endurecido de Judas! Y, sin embargo, Judas no se dejó mirar, no permitió la conexión del cruce de miradas para dar lugar al efecto demoledor. Judas no quiso sanar, no quiso dejarse amar y sabemos cómo terminó su vida.

Y es que, a decir verdad, todos necesitamos sanar. No hay quien pueda presumir de no tener heridas interiores. La mirada de Cristo tiene el poder de sanar cualquier herida. La historia, empezando por los evangelios, nos lo demuestra.

Si queremos ser sanados por esa mirada redentora, lo primero que debemos hacer es reconocer esa necesidad que tenemos de sanar, y estar dispuestos a prestarnos al efecto demoledor que La mirada generará en nuestro corazón. Basta con que nos dejemos mirar y no tengamos miedo de conectar con los ojos de Cristo. Toma el Evangelio, usa tu pasaje favorito y contempla la escena. Contempla todo lo que sucede y métete en el personaje que más contacto visual tenga con Cristo. Desde ese personaje que te representa a ti en el Evangelio, contempla, desde el fondo de tu corazón y a través de tus ojos, el Corazón de Cristo que te mira a través de sus ojos. De hecho -y sirva este comentario como un *tip* para la oración- puedo decir que no he tenido momentos de oración más profundos que cuando leo el Evangelio a la luz de las miradas: me imagino la escena del pasaje que estoy leyendo y me enfoco, más que en los hechos, en las miradas: ¿Cómo habrá mirado Jesús a las personas a las que hablaba, a las personas que curaba, a los que lo atacaban? ¿Qué sentimientos en su corazón se transmiten en esas miradas? Imagino, por ejemplo, en el discurso de las bienaventuranzas, cómo Jesús veía a toda esa gente que tenía en frente. Sabía que en su audiencia había muchos pobres, muchos sedientos de justicia, muchos mansos y humildes de corazón, y veía en ellos la nostalgia por una respuesta que diera sentido a sus sufrimientos y batallas diarias. Jesús sabía a quién estaba hablando. Sus discursos no eran simplemente palabras bonitas que se le venían a la cabeza: pretendían ser una respuesta a los interrogantes que leía en los ojos de las personas a las que se dirigía.

Tal vez, conforme vayamos leyendo el Evangelio, encontremos pasajes que intelectualmente nos llaman la atención o que nos parecen especialmente conmovedores. Es allí donde podemos centrar nuestra atención e indagar a través de las miradas. Creo, personalmente, que no hay consuelo más grande que el experimentar que hay alguien que está siendo capaz de descifrar nuestras marañas interiores. No hay nada más sanador que el sentirnos íntimamente comprendidos, descubiertos. En ese momento reconocemos nuestras heridas interiores, pero las vemos desde una nueva perspectiva. El descubrir que Cristo mira mis heridas y me mira a los ojos con amor; que no me desprecia a pesar de la fealdad de esas llagas espirituales, termina siendo la medicina de dichas heridas. La mirada de Cristo es una mirada que desvela ante mis ojos mis propias heridas y me ofrece la certeza que me lleva a la sanación: es la certeza de que, con todo y a pesar de todo, soy definitiva e incondicionalmente amado.

Desenmascarando la mentira de las miradas.

"Jesús se fue al monte de los Olivos. Al amanecer se presentó de nuevo en el templo. Toda la gente se le acercó, y él se sentó a enseñarles. Los maestros de la ley y los fariseos llevaron entonces a una mujer sorprendida en adulterio, y poniéndola en medio del grupo dijeron a Jesús:

—Maestro, a esta mujer se le ha sorprendido en el acto mismo de adulterio. En la ley Moisés nos ordenó apedrear a tales mujeres. ¿Tú qué dices?

Con esta pregunta le estaban tendiendo una trampa, para tener de qué acusarlo. Pero Jesús se inclinó y con el dedo comenzó a escribir en el suelo. Y como ellos lo acosaran con preguntas, Jesús se incorporó y les dijo:

—Aquel de vosotros que esté libre de pecado, que tire la primera piedra.

E inclinándose de nuevo, siguió escribiendo en el suelo. Al oír esto, se fueron retirando uno tras otro, comenzando por los más viejos, hasta dejar a Jesús solo con la mujer, que aún seguía allí. Entonces se incorporó Jesús y le preguntó:

—Mujer, ¿dónde están? ¿Ya nadie te condena?

—Nadie, Señor.

—Tampoco yo te condeno. Ahora vete, y no vuelvas a pecar."

Jn. 8, 1-11

¿Cuántas veces tal vez nos hemos sentido como la mujer pecadora sorprendida en pleno acto de adulterio? No sabemos con certeza, pero la Iglesia siempre ha creído que se trataba de una prostituta, por lo que podemos imaginar que para ella este acto era tan sólo uno más de tantos. Si alguna vez has conocido a alguna prostituta, sabrás que eso de que son "mujeres de la vida fácil" no es muy atinado que digamos. Me atrevería a afirmar que es la vida menos fácil la que llevan esas mujeres. Sea la razón que sea por la que terminan en ese camino, su vida es un infierno, aunque tristemente algunas se acostumbran a vivir así y se vuelven inmunes al sufrimiento y a la humillación. Sus corazones se han endurecido y sus cuerpos han perdido la sensibilidad y la capacidad de percibir lo bello y lo sagrado del acto sexual. Al caminar por las calles ya saben que serán miradas como objetos sexuales; saben que no deben esperar respeto ni admiración de nadie. Si ellas mismas han perdido todo el sentido de sacralidad de su propia sexualidad; si incluso ellas sienten desprecio por ellas mismas por haber perdido toda la inocencia y la pureza que les haría dignas de admiración y asombro por parte de un hombre, cuánto menos los demás serán capaces de percibir esa sacralidad y belleza interior. Si alguien en la calle les chifla o les falta al respeto, ellas no se sorprenden, pues saben que, por default, ellas mismas se están presentando como objetos utilizables y desechables, y no como personas humanas que tienen una dignidad que merece respeto. Se han acostumbrado a ser miradas así y de hecho buscan provocar esas miradas y no otras. Se han convencido de la gran mentira de que podrán ser admiradas en su belleza física, pero jamás podrán ser admiradas por lo que llevan dentro; tienen la certeza de que jamás recobrarán esa pureza e inocencia que hace que un hombre enamorado venere a la mujer que ama.

Viviendo en Colombia, varios años tuve la oportunidad de realizar apostolados con prostitutas, tanto en Medellín como en Bogotá. Varias ocasiones tuve la bendición (realmente es una bendición en mi vida) de haber sido tocada por sus miradas: miradas acomplejadas, miradas que vienen de corazones que saben que han perdido el derecho a reclamar aunque sea un poco de dignidad y se conforman con que las humillaciones que reciban no dañen su integridad física -si es que el abuso sexual no se considera un daño a la integridad física de una mujer-. Escuché sus historias, sequé sus lágrimas, entendí por qué habían caído tan bajo. Entendí que muchas veces, la misma sociedad que las juzga es la que las empuja a la situación en la que viven. ¡Vaya que vivimos en un mundo cruel que te incita a pecar y, cuando pecas, te da la puñalada por la espalda!

No pretendo en absoluto justificar la prostitución. Es un pecado y de los graves. Pero aquí es importante entrar en el corazón de la persona y no quedarnos solamente en el pecado, que es tan sólo el desenlace de toda una historia en la que infaliblemente ha habido mucho sufrimiento. Volviendo al pasaje evangélico para no centrar la atención en debates morales, me interesa que seamos capaces de entrar en los corazones de los personajes de este pasaje que acabamos de leer, de modo que podamos limpiar nuestra mirada y también dejarnos mirar por Aquél que no viene a condenar, sino a salvar.

¿Qué vieron los maestros de la ley y los fariseos? Vieron a una mujer faltando a la Ley de Moisés. O más bien, vieron la ley de Moisés siendo violada por una mujer. El centro de atención de su mirada no era la mujer. El centro gravitacional de su mirada era la ley que debía ser respetada y cumplida a como diera lugar. Dado que la ley ocupaba ese lugar tan preponderante en sus corazones y en sus consciencias -mucho más que las personas para quienes había sido revelada esa ley-, la mujer merecía la muerte, pues nadie podía ser más importante que la ley. Bien dijo Jesús que donde está tu tesoro, allí estará tu corazón (Mt. 6,21). Pues bien, el tesoro de estos fariseos estaba puesto en la ley. Es por eso que su corazón se centró más en la ley violada que en la mujer pecadora.

¿Alguna vez te ha pasado que alguien te ve como un ser despreciable que está por debajo de sus criterios o sus formas de pensar?

¿Qué te han dicho esas miradas? ¿Cuál es la mirada que más te ha herido? Detén la lectura y trata de recordar. Trae a tu memoria, no sólo una persona que te haya herido, sino un momento concreto en el que sus ojos se hayan cruzado con los tuyos y que hayas experimentado ese efecto demoledor en un sentido muy negativo. ¿Por qué te hirió tanto? ¿Cuál fue el mensaje que te transmitió con su mirada? ¿Qué fue lo que se destruyó dentro de ti? ¿Qué certezas nacieron en tu corazón después de esa mirada?

Pasemos ahora a contemplar la mirada de Cristo. Cabe mencionar que Jesús no había dormido nada aquella noche pues, según dice el Evangelio, se fue toda la noche al monte de los Olivos y al amanecer se fue nuevamente al Templo. Jesús, siendo Dios, sabía desde el día anterior que la mujer iba a pecar. Él ya conocía su corazón, su historia y sus rutinas. Decidió irse a su lugar predilecto de oración, mientras ella cometía adulterio. Él ya la veía desde el huerto de los Olivos. A Cristo no lo tomaron por sorpresa cuando se la presentaron en el Templo. Él ya lo sabía todo. Los fariseos la vieron sólo en el momento en que fue sorprendida; Jesús, en cambio, la contempló durante toda la noche; contempló también el momento en que llegaron los fariseos. Pero Jesús, con su mirada, penetró mucho más allá de los meros hechos. Supo ver lo que pasaba, pero también lo que le pasaba a ella en su interior en cada momento: vio en su interior su sed de ser apreciada, de ser venerada y elegida; vio cómo ese deseo la movió a prostituirse esa noche, como tantas otras noches de su vida. Jesús vio cómo, entregándose en los brazos de ese hombre, su corazón quedaba más vacío, más desgastado que antes. Jesús no miraba el acto con tanta atención como miraba su corazón. Vio también ese momento trágico en el que los fariseos irrumpieron en la habitación, extasiados en esa satisfacción diabólica de contar con evidencia para ejecutar la sentencia tan anhelada. Jesús vio también lo que pasaba en el corazón de los fariseos, pero esa es otra historia.

Vio cómo el corazón de la mujer pecadora se estremeció y, lleno de temor, comenzó a experimentar toda la vergüenza y la humillación que no se permitió sentir antes. Ahora, se le unía a esos sentimientos el miedo a lo que sabía que tendría que pasar. Jesús la miraba desde mucho antes del encuentro en el templo.

Sí, resulta incómodo pensar que Cristo nos contempla con atención mientras pecamos. Quisiéramos que no fuera así porque quisiéramos que nuestro pecado pudiera mantenerse en tinieblas. Sin embargo, para Él todas mis sendas le son conocidas (Sal. 139, 3). Pero aquí lo importante no es centrarnos en la presencia incómoda de un intruso mientras pecamos, sino en la manera en la que ese buen intruso nos mira en cada momento. Sí, Él mira nuestras acciones, pero sobre todo, Él mira lo que ocurre en los corazones. ¿Cómo imaginas a Cristo orando por la mujer pecadora toda la noche? ¿Cómo habrá sido su mirada sumida en oración por ella? ¿y cómo habrá sido su mirada en el Templo? ¿Qué fue lo que Él vio en esa mujer? ¿Cómo se habrá sentido la mujer al percibir la mirada de ese Jesús del que tanto había escuchado y que de lejos admiraba y anhelaba algún día poder conocer? Habrá sentido una vergüenza insoportable al ser presentada ante tal personaje con el alma tan desnuda, tan humillada, finalmente pillada en lo que antes habrá sido un juego o un negocio. Sin ser capaz de cruzar miradas con Cristo, habrá experimentado ya el efecto demoledor en su mirada desde el momento en que la pusieron en su presencia. Se comenzaron a desmoronar todas sus justificaciones, sabía que los fariseos tenían razón. No podía apelar a la ley de Moisés porque era ésta la que la condenaba. No podía apelar a la misericordia de los fariseos, pues sabía que no la merecía. Parecía no tener escapatoria. Habrá llorado, en un primer momento, lágrimas de vergüenza, de desesperación, de soledad. Pero poco a poco, al contemplar el silencio de ese hombre que parecía no escuchar, doblado escribiendo con el dedo en la arena (afirman algunos exegetas que muy posiblemente lo que escribía era los pecados de los fariseos ahí presentes), fue sintiendo en su corazón que Él encontraría una justificación para ella. El silencio de Cristo le daba esperanzas. ¡Pero cómo encontrar una justificación si fue sorprendida en pleno acto de adulterio! ¿Podría Él desmentir todas esas miradas que la habían convencido de que era digna de muerte? ¿Podría Él convencerla a ella de que aún era una persona amable y, de hecho, profundamente amada?

Una vez que se quedaron solos, podemos imaginar que Jesús la ayudó a levantarse, tal como muestra la película de La Pasión de Mel Gibson. Sin levantar la mirada, ella supo que Él estaba ahí, sólo para ella, todo Él para ella y para nadie más. Sintió la confianza de tocar sus pies y seguramente se dejó tomar de la mano. Sólo entonces se atrevió a levantar la mirada y dejarse mirar por Cristo. ¡Qué glorioso habrá sido ese momento en la vida de la mujer pecadora! Habrá experimentado esa mirada de fuego, mirada de un amor infinito, incapaz de ser comprendido en su totalidad por su pobre y pequeño corazón. Habrá sido una mirada en la que ella se supo plenamente conocida, totalmente descubierta, pero en el mejor sentido de la palabra: descubierta no en el sentido de haber sido pillada en su acto pecaminoso, sino descubierta en el sentido de haber sido profundamente comprendida en medio de su pecado; acogida con todo y sus miserias, amada con una incondicionalidad que no creía podría existir para ella.

Tanto había anhelado ella ser descubierta en su interioridad por alguien, aunque fuera por una sola persona: anhelaba que hubiera alguien que, cuando la mirara, no mirara solamente su cuerpo sensual, sus atributos físicos que incitaban a probar solamente de eso externo que ella tenía para ofrecer. Anhelaba que hubiera alguien que pudiera ver más allá, que no se quedara en lo superficial pues ella sabía -como todos sabemos- que no es el atributo físico el que nos define como personas, sino lo que se lleva en el corazón. Ahí, en esa mirada, ella supo que no tenía nada que esconder. Incluso en ese momento, se sintió feliz de haber sido pillada y llevada a los pies de Jesús, pues en esa mirada supo que fue íntimamente descubierta por el único que vino a salvar, y no a condenar. En esa mirada convergieron las dos grandes esperanzas a las que creía que tendría que renunciar: el haber sido descubierta y contemplada no sólo desde sus actos sino desde el sagrario más íntimo de su corazón, y el haber sido definitivamente amada al grado de poder aspirar a la salvación. Y es que estas dos realidades -el ser conocida y el ser amada- son las dos grandes aspiraciones que no pueden faltar en el corazón de una mujer.

Ciertamente, es todo un reto llegar a conocer y a entender a una mujer. A veces las mujeres tememos el darnos a conocer tal como somos precisamente porque llevamos engranada en nuestra alma la certeza de que tenemos que ganarnos el amor con nuestras perfecciones y méritos. Creemos que el amor no es gratuito y que es necesario comprarlo con talentos, virtudes y capacidades extraordinarias. Bien dice el libro del Cantar de los Cantares que, "aquél que quiera comprar el amor, sería un ser despreciable" (Ct. 8, 7). Efectivamente, el vivir con esa mentalidad nos hace miserables; llena nuestra vida de miedos e inseguridades, pues es una mentalidad que nos exige dar lo que nuestra humanidad no siempre puede dar. Pero, ¡qué difícil es romper con esa mentalidad tan diabólica! Sí, me atrevo a afirmar que es diabólica porque infunde miedo en la vida y nos hace cada vez menos y menos libres, nos llena de inseguridades y complejos absurdos por los que podemos pasar una vida entera auto-recriminándonos por nuestros errores.

Yo confieso que, en mi juventud, creía que Dios me había amado y me había llamado a la vida consagrada porque me conocía. Ahora volteo para atrás y me lleno de vergüenza, pues me doy cuenta de que Dios me amó, no *porque* me conociera, sino *a pesar de* conocerme. Llegar a esta conclusión es humillante pues me implicó sentirme descubierta en esos aspectos que quisiera que nadie conociera de mi persona, pero también muy consolador y liberador pues me llevó a esa experiencia de sentirme y saberme descubierta, comprendida desde el fondo de mi corazón, conocida e incondicionalmente amada así, tal como soy. Con el paso del tiempo he ido descubriendo que Cristo no piensa como los hombres y busca formas de hacernos comprender que no necesitamos ganarnos su amor. No tengo que ser buena para que me quiera. Él ya me quiere. Ya murió por mí antes de que yo fuera buena o mala. Este cambio de mentalidad requiere de una mirada como la mirada que Cristo le concedió a aquella mujer: una mirada en la que ella supo que Él la conocía mejor que nadie, incluso mejor de lo que ella misma podía conocerse y que, sin embargo, la amaba más que nadie, mucho más de lo que ella pudiera imaginarse.

En fin, esa afortunada mujer habrá sido tocada por esa mirada que pudo desmentir todas las otras miradas que le decían que nunca podría llegar a ser amada, que no valía lo suficiente como para que alguien se aventurara a querer comprender lo que llevaba en el corazón. Esta mirada llegó a desmentir incluso la forma en la que ella se miraba a sí misma: "merezco estar donde estoy, no tengo a nadie a mi lado; muchos dan dinero por mi cuerpo pero yo no valgo lo suficiente como para que alguien dé un centavo por mí". Todo lo pasado se desmoronó con esa sola mirada. La desnudez de su cuerpo y de su alma frente a ese hombre tan bello no era ya motivo de vergüenza, sino motivo de gloria, pues podía gritar exultante: "¡Él ha podido amarme como me ama, conociéndome como me conoce!"

Descubriendo mi verdadero yo en la mirada de Dios.

Gracias a esa mirada del buen Redentor, la mujer pecadora pudo exclamar: "¡Realmente existe alguien que me ama! Y si es nada más y nada menos que Él quien me ama, entonces descubro que soy amable."

Jesús, con su mirada dulce, apasionada y penetrante, no sólo desenmascaró las mentiras que las otras miradas inyectaron en el corazón de la pecadora; también le descubrió su verdadero yo. Por esa mirada, la

100

mujer pecadora llegó al conocimiento de lo que no es, y también al reconocimiento de lo que sí es.

Por esa mirada de Cristo descubro y entiendo que yo no soy mi pecado. Mi pecado no es lo que me define como persona. Tampoco soy mis virtudes: éstas tampoco me definen como persona. ¿Quién soy, entonces? ¿Alguna vez te ha pasado que tienes un concepto de ti mismo y ves que algunas personas piensan lo mismo de ti, pero luego te enfrentas a otras personas que te ven de manera totalmente distinta y que, el concepto que tienen de ti es casi opuesto al que te habías hecho de ti mismo en tu interior?

Yo personalmente algunas veces he sufrido esa ambigüedad. Hace algunos años sufrí una gran turbulencia interior por ver el contraste tan grande entre la percepción que las personas con las que vivía tenían de mí y la percepción que de mí tenía la gente con la que trabajaba. ¡Y es que a todos nos pasa! Sea porque afuera solemos entregarnos con más ímpetu que con los más cercanos, sea porque los más cercanos logran conocer todos nuestros defectos y mañas.

Afuera me aclamaban, me admiraban, me pedían mucho consejo y acompañamiento; el tiempo no me daba abasto para dar todo lo que la gente esperaba recibir de mí. Y realmente hacía muy bien mi labor, tengo que admitirlo. Apostólicamente, fueron años de mucho éxito y de muchísimos logros. Pero llegaba a mi casa y me invadía un sentimiento de profunda soledad y abandono. Sentía que nadie me comprendía, las miradas de juicios e incluso de fastidio eran el pan de cada día, pues mi forma de pensar era muy distinta que la forma de pensar de la mayoría y, al yo percibir el rechazo, me encerraba más en mí misma, haciendo que el aislamiento se pronunciara cada día más. A nivel comunitario, nunca me había sentido tan miserable y fracasada. Los silencios hostiles y la frialdad en las relaciones terminaban sofocando toda mi espontaneidad, mi naturalidad y mis deseos de pasar más tiempo en casa. Constantemente me preguntaba a mí misma en mis ratos de oración: ¿Quién soy? ¿Soy esa Karla que la gente admira y quiere, alegre y con un gran sentido del humor, que es tan valorada y potenciada allá afuera? ¿O soy esta Karla insoportable, necia, rebelde que tiene problemas de relaciones humanas con cualquiera que se le pone en frente? ¿Quién soy Señor? Fueron años de muchas lágrimas, de mucha confusión e incertidumbre. Años en los que, por gracia de Dios, no me volví loca, pues el contraste entre ambas percepciones de mi persona era inmenso. Cuando comenzaba a sentirme contenta y agradecida por los triunfos en mi trabajo, me invadía la pesadumbre de esa sensación terrible de fracaso en lo que para mí era más importante: la unión y fraternidad con las personas que más quería.

Fue Cristo quien me resolvió. No es que Él haya resuelto un problema: me resolvió a mí. Recuerdo en ese período de mi vida, asistí a un curso en España sobre la mirada y el acompañamiento y ahí experimenté el efecto demoledor de la mirada de Cristo. Una mañana, antes de comenzar la Misa, me acerqué a la directora del curso a preguntarle algo sobre los cantos de la misa. Ella, así de la nada, faltando unos minutos para que comenzara la Celebración Eucarística, me interrumpió ignorando por completo mi pregunta, me tomó de los brazos y mirándome intensamente a los ojos me dijo: "Karla, eres una persona muy especial. Tu mirada transmite algo que no puedo describir. Tus aportaciones ayer fueron especialísimas. ¿Sí sabías que eres alguien muy especial?" Inmediatamente me saltaron las lágrimas. Sólo pude abrazarla y darle las gracias. Volví a mi lugar en la capilla sin respuesta a mi pregunta sobre los cantos y sin poder dejar de llorar. Dios me miró por medio de sus ojos y me descubrió quién soy yo realmente. Ahí, en esa misa, me ofrecí a Dios en oración, aceptando por primera vez todo lo cambiante y lo estable en mí. Comprendí que no soy solamente esa Karla exitosa, arrolladora que atraía a tantos a Cristo y que hacía florecer los apostolados; tampoco soy solamente esa Karla que era el peso de la comunidad, más un estorbo que una ayuda, la piedrita en el zapato de las personas con las que vivía. Ambas eran percepciones incompletas y desatinadas de lo que soy como persona. Ahí, por primera vez, me vi con los ojos de Dios: supe que Él lo veía todo y su mirada abarcaba ambas percepciones, pero desde un corazón que me amaba y que sabía conectar con lo que había en el fondo de mi corazón y que, a final de cuentas, era lo que me movía a obrar como obraba, tanto en mi comunidad como en las calles. Experimenté cómo Dios me miraba con amor y con inmensa ternura, diciéndome que soy las dos cosas, pero no exactamente como las demás miradas de describen. ¡Nadie nunca antes me había mirado con esa ternura! La gente afuera me miraba con admiración e incluso con respeto por verme tan aparentemente perfecta y en algunos casos idealizada e inalcanzable, toda una *achiever*; dentro de mi comunidad, ¡lo que menos inspiraba con mi comportamiento era ternura! Me miraban como quien mira un bulto que tendrá que cargar en las próximas 24 horas. Algunas veces me miraban con miedo o con un distante respeto. Pero Dios, con todo y mi autosuficiencia apostólica y mi rebeldía en la comunidad, supo mirarme con ternura. Miró con ternura mi majestuosidad y también mi impaciencia; mi elevada autoestima generada por las miradas de los de afuera y mi complejo de odiada generado por las miradas de adentro. Me dijo sin palabras que soy *inmerecida* y *definitivamente* amada. Siempre inmerecida, pero al mismo tiempo definitivamente amada. Él me enseñó que soy lo que soy delante de los ojos de Dios, de nadie más que de Dios. Esa mirada es la que me define como persona. En esa mirada me llego a conocer y re-conozco tanto mis talentos como mis defectos con serenidad y sin sobresaltos, porque los veo desde una mirada en la que me siento segura: es una mirada en la que puedo desnudar mi alma y sé que no seré juzgada, que no me arrastrará a las plazas para apedrearme sino que me respetará, viendo mi vulnerabilidad como un tumor que Él mismo quiere curar con sus propias manos y que me hace más amable a sus ojos. En esa mirada descubro que mi grandeza no está en los talentos que Él mismo me dio, sino en el hecho de que Él me tiene entre sus brazos y soy suya. Ahí la Karla autosuficiente se vuelve pequeña y vulnerable, frágil y delicada. Ahí la Karla prepotente y necia baja las armas porque se sabe escuchada y valorada. Frente a Él no temo ser desnudada por esa mirada y ser contemplada en cada rincón de mi corazón y de mi consciencia. Ahí descubro que soy un jardín bello, porque es esa mirada la que lo ha embellecido. Sólo ante esa mirada "salgo de las grietas y dejo que contemple mi figura" (Cfr. Ct. 2, 14), porque sólo con Él me siento segura. Sólo Él me ofrece esa seguridad que mi corazón tanto anhela y me siento feliz de que sea Él el único que me ha descubierto. Ahí ya no necesito que las personas con las que vivo me entiendan y, no obstante, ahí mi corazón se dulcifica de tal manera que, sin buscarlo, me vuelvo más entendible para ellas. Ahí mis talentos admirados por la gente se vuelven pequeños, incluso ridículos e insignificantes, porque descubro que lo que me define es algo mucho más estable y firme que esos dones que van y vienen con la edad, la salud, la apariencia física y la buena fama.

Acomodando verdades en su justo lugar: integración personal.

Amedeo Cencini, un sacerdote y psicólogo que ha aportado muchísimo en la renovación de muchos institutos religiosos en la Iglesia, dice que todo elemento desintegrado en nuestra vida, cuando no logramos sanarlo, tarde o temprano se vuelve un elemento desintegrador. Como hemos visto, la mirada de Cristo tiene el potencial para sanar las heridas ocasionadas por las miradas de los hombres que, sea para bien o para mal, siempre serán desatinadas.

Una vez que hemos sido tocados por La Mirada, nos queda por delante todo un camino de integración y de purificación, aunque esa mirada ya ha hecho gran parte del proceso y seguirá siendo la fuente de la que sacaremos el agua viva que restaurará todo lo que se había perdido y sanará todo lo que estaba herido.

¿En qué consiste ese proceso de integración? No consiste tanto en sacrificios como en simplemente dejar que las verdades de mí misma caigan en su justo lugar. Es simplemente aprender a vivir en la verdad: vivir en la verdad de lo que soy y de lo que no soy, con la serenidad de quien vive con la certeza de que no importa que no sea esto o aquello. Después de haber sido mirada con ese amor, ya no necesito compensar inseguridades o insatisfacciones aspirando a ser lo que no estoy llamado a ser. Ya no hay vacíos afectivos que tenga que estar llenando con otros amorcillos baratos y pasajeros.

Pienso que el ejemplo que nos ofrece la viuda del Evangelio nos puede ayudar a explicar algo de este proceso de integración. Dice el Evangelio que Jesús veía en el templo cómo los ricos depositaban sus ofrendas en las arcas del templo. "Vio también una viuda muy necesitada que echó allí dos monedas de poco valor. Y dijo: "Les aseguro que esa viuda pobre ha echado más que todos los demás; porque ésos han echado de lo que les sobra, mientras que ella ha echado desde su pobreza todo lo que tenía para vivir." (Lc. 21, 1-4)

Una vez más, nos encontramos con la mirada de Cristo. En esta ocasión, no sabemos si la viejecita se dio cuenta de que todo ese tiempo había sido observada por Jesús. Ella se acercó a dar su ofrenda en lo oculto, incluso tal vez apenada por la cantidad tan pequeña que seguramente echó en las arcas. Habría querido que nadie la viera pues las miradas de los hombres la engañaban haciéndola sentirse mal por lo poco sustanciosa que era su ofrenda. Y sin embargo, Jesús fue capaz de leer la escena con ojos distintos.

¿No nos pasa, en ocasiones, que nos desalentamos al compararnos con los demás y llegamos a auto recriminarnos el no ser tan generosos, o tan virtuosos, o tan piadosos? Siempre he pensado que el compararnos con los demás es una manera no sólo absurda, sino incluso peligrosa de medir nuestro crecimiento personal. Lo explicaré utilizando varias analogías.

¿Sabes cuál es el animal más fuerte? Ante esta pregunta podríamos pensar en el león, o el elefante, o algún animal imponente a la vista -miope, por cierto- de los hombres. Sin embargo, el animal más fuerte resulta ser el escarabajo rinoceronte, un insecto de tamaño mediano que puede cargar treinta veces su propio peso por una hora (hay quienes dicen que puede cargar hasta 850 veces su peso pero prefiero mantenerme en un juicio moderado que baste para dar el punto a entender). ¿Qué pasaría si pusiéramos a un tigre de Bengala a cargar otros treinta tigres de su propio tamaño? O por el contrario, cuánta fuerza estaríamos ignorando si, por ver el tamaño del escarabajo, decidiéramos echarle tan solo un escarabajo encima.

Cuando una persona decide usar como punto de referencia a otra persona para su crecimiento personal, está haciendo algo parecido a esta comparación entre distintos animales. Ciertamente, alegará que se está comparando con otro de su misma especie y que, si el otro puede lograr ciertas metas, él también debería lograrlas. En cierto sentido estoy de acuerdo. Sin embargo, puede resultar contraproducente y la comparación nos puede llevar a un estado de mediocridad o, por el contrario, a una auto-exigencia tan cruel que lleve a un estado de agotamiento crónico. Si decido alcanzar el estándar de una persona que naturalmente tiene la capacidad de dar tan solo la mitad de lo que yo puedo dar con los dones que recibí, al llegar a esa meta podré pensar que he llegado a la cúspide de mis capacidades, cuando en realidad me queda aún la mitad del camino por recorrer, más todo lo que pueda expandir mis capacidades naturales. Por el otro lado, si llego a compararme con alguien que me excede en creces en talentos y capacidades humanas, no digo que sea imposible alcanzarlo, pero sí afirmo que tal vez me estaré estirando excesivamente para alcanzar un ideal que no necesariamente estoy llamado a alcanzar, o que tal vez habría requerido un proceso más sensato en sus tiempos y formas.

Habiendo explicado esto, podemos volver al caso de la viuda que no pasó desapercibida a los ojos de Cristo aplicándolo a nuestra propia vida. Cuando me sé mirada y valorada por Dios en mi entrega, ya no importa lo que la demás gente piense de mí. Muchos afirmamos que no nos importa lo que piense la gente de nosotros, pero la verdad es que es difícil alcanzar ese nivel de integración personal por el que realmente ya no importe el concepto que los demás tengan de nosotros. Basta un nivel mediano de auto consciencia para constatar que muchas veces actuamos buscando complacer a los demás. Nos afanamos por hacer que las monedas de nuestra ofrenda hagan ruido para que la gente nos voltee a ver y nos admire o nos felicite; buscamos el aprecio de nuestros jefes y colegas en el lugar de trabajo; buscamos ser validados por nuestros seres queridos y podemos incluso ofendernos cuando no aprecian lo que hacemos supuestamente por amor "desinteresado". Pero cuando Cristo golpea con su mirada de amor, Él se encarga de demoler esas ansiedades del corazón. El efecto demoledor de su mirada rompe las cadenas que me impedían actuar con libertad de espíritu; él destruye esos complejos por los que muchas veces preferimos que otros no vean nuestro trabajo de manera que no descubran esa mentira que constantemente nos repetimos de que somos poca cosa y que no lo valemos.

Es así como Jesús nos integra y convierte en virtudes heroicas lo que, a los ojos de los hombres, no son más que actos mediocres dignos de lástima. Él nos devuelve la confianza en nosotros mismos y hace que la seguridad personal esté enraizada, ya no en logros humanos o en el desarrollo de nuestras capacidades, sino en el hecho de que mi entrega total y alegre es lo único que basta. A mí me toca sembrar, la cosecha ya no me corresponde a mí y por ello no me acomplejo si es pobre o abundante, puesto que vivo alegre en la certeza de que sembré todo lo que pude y de la mejor manera posible.

Esta integración personal, por su parte, tiene necesariamente un impacto muy positivo en las relaciones humanas pues, al liberarme de las cadenas de lo que los demás puedan pensar de mí, quedo capacitada para amarlos sincera y desinteresadamente, sin buscar nada a cambio. La mirada de Dios me hace entonces más empática y sencilla en mis relaciones; me capacita para pedir perdón y reconocer mis faltas con simplicidad y sincera humildad y pienso personalmente que no hay nada más admirable que la capacidad de exponer la propia vulnerabilidad.

Unido a esto, la mirada de Cristo también me lleva a abrazar la verdad con más autenticidad, sin miedo a corregir al que se equivoca, si fuera necesario. Como ya no busco autocomplacencias, permanezco más abierto a la verdad, aun cuando esto me implique entrar en conflicto con las personas que me rodean. Como ya no necesito mendigar amores falsos (puesto que he encontrado el amor verdadero), ya no temo alejarme de las personas que puedan estar dañando mi dignidad y no me permito mantener relaciones enfermizas en las que se ha perdido el respeto. Ya no necesito a esas personas para llenar ese vacío que deja la desintegración afectiva, puesto que la mirada de Cristo me ha concedido la experiencia y la certeza de que soy definitivamente amada.

En resumen, ya no vivo apegado a las cosas, a las personas y al afecto que otros me puedan ofrecer. Recibo el amor de los demás con total libertad interior, desprendimiento y sencillez, pero no me aferro a nada ni a nadie porque, en esa mirada sanadora, encontré lo único que mi corazón realmente necesita. Ése es el poder liberador que tiene La mirada de Cristo.

3. Elementos de la mirada salvífica.

Entramos ahora en un apartado en el que podremos desmenuzar, por así decirlo, esa Mirada que tan hondo puede calar en el corazón del hombre. ¿Qué es lo que la hace tan poderosa? ¿Cuáles son los elementos que hacen de ella la mirada tan anhelada por todos los hombres y por la que los más grandes místicos de la Iglesia afirman haber experimentado un éxtasis tan grande que pensaban que morirían?

Cabe aclarar que, al desglosar estas cualidades de La Mirada, no pretendo en absoluto hacer teología ni proclamar un nuevo dogma que tenga que ser tomado al pie de la letra. Tampoco las saqué de algún libro de teología ni del Catecismo de la Iglesia Católica. Todo parte simplemente de mi experiencia personal. También conviene aclarar que muchos de estos elementos de la mirada de Dios los descubrí a través de miradas humanas que me remitieron a Dios; miradas humanas por las cuales me sentí mirada por Dios. Posiblemente en un futuro seguiré descubriendo nuevos aspectos de la mirada de Cristo, conforme vaya conociendo más personas que, en sus miradas, transmitan un aspecto distinto de la mirada de Cristo.

Estos elementos explicados a continuación son las formas concretas en las que Cristo me ha mirado a los ojos, pero puede ser una experiencia personal que no necesariamente aplique a todas las personas y puede ser que haya quienes experimenten muchas más cualidades en la mirada de Cristo. De hecho, pienso que sería buen ejercicio que cada persona, después de haber experimentado la mirada de Cristo, haga su propia "lista de los elementos de la mirada de Dios a su alma". Ciertamente, Dios nos mira con ojos únicos, y afirmo esto porque mi corazón es único y requiere una mirada distinta e igualmente única para ser comprendido y amado tal como es. Aquí podríamos usar una analogía para dar este punto a entender: Imaginemos que cada persona es un color y este color se desborda por los ojos. Al conectarse dos personas en una misma mirada, los colores de ambos se mezclan generando un nuevo color que es único, dada no solamente la unicidad de cada color que cada persona lleva dentro, sino también dada la relación tan única que se establece entre ellos dos. De hecho, si nos ponemos a pensar en las personas a las que más amamos, caemos en la cuenta de que nuestra mirada de amor no es igual en cada caso, ni siquiera cuando en todos los casos se hable de una mirada de amor.

Ahora bien, pasemos a desgranar la mirada de Dios, descubriendo esos elementos que la componen y que hacen de ella la fuerza transformadora más poderosa que el hombre pueda jamás experimentar.

Mirada libre y, por lo tanto, universal.

¿Alguna vez te has puesto a pensar si existirá alguna relación entre la libertad interior y la capacidad de escucha? Antes de seguir leyendo, reflexiona en esta pregunta por un momento. ¿Crees que hay alguna conexión entre ambas? ¿Podríamos decir que cuanto más libres somos en nuestro interior, más somos capaces de escuchar? ¿Por qué? ¿Cómo llegar a tal conclusión?

¿Qué es la libertad interior y qué implica? Siempre he disfrutado escuchar los debates que se generan entre los adolescentes cuando les pido que me definan qué es la libertad. Unos dicen que es la capacidad de elegir entre el bien y el mal; otros que es la capacidad que nos permite vivir sin ataduras; otros dicen que exige responsabilidad... es muy interesante escucharlos porque se percibe la necesidad innata de límites en nuestras vidas. ¿Cómo definirías tú la libertad? Me remitiré a la definición que la Iglesia da al respecto, pues me parece la más sensata que he escuchado hasta el momento y la que resuelve de la mejor manera los dilemas típicos de la libertad humana: esos dilemas de que si soy libre, ¿entonces por qué no puedo hacer lo que me dé la gana? ¿Por qué tiene que haber leyes que limiten mi libertad? ¿Realmente las leyes limitan mi libertad? ¿Realmente soy libre cuando obro el mal? Dice esta definición sencillamente que la libertad es la capacidad de elegir el bien, así, sin más. No es la capacidad de elegir entre el bien y el mal, sino simplemente la capacidad que tenemos de elegir el bien.

110

Por ejemplo: imagina por un momento un árbol en medio de un valle o alguno que en el pasado haya atraído tu atención en algún momento. Trata de admirar su belleza y la armonía del movimiento de sus hojas con el viento. Ese árbol, no sabe que está ahí. Tampoco sabe que está siendo contemplado. No tiene la menor idea de que alguien está teniendo, a través de él, una experiencia sensible de lo que es la belleza. De alguna manera, ese árbol te está haciendo un bien, incluso ahora que seguramente no lo tienes frente a ti. Ese árbol, sin quererlo y sin siquiera saberlo, está glorificando a Dios por el simple hecho de existir y de transmitir algo de la belleza de Dios. Así como dijimos que las personas encarnamos algunas cualidades de Dios, así también cada una de sus creaturas habla de Dios y, con ello, lo glorifican. Hacen el bien sin saberlo y sin poder elegirlo; simplemente lo hacen y punto. No pueden no glorificar a Dios. Nosotros los hombres, en cambio, glorificamos a Dios, sí, con nuestra sola existencia, pero también sabemos -y la historia nos lo confirma- que podemos decidir no glorificarle. Esto es gracias a nuestra libertad. Los hombres somos las únicas creaturas en el mundo natural que podemos optar por glorificarle. Dios nos ha amado tanto, que no quiso obligarnos a glorificarle, sino que quiso darnos la posibilidad de optar por glorificarle haciendo el bien. No glorificarle es, en realidad, una omisión. El optar por el mal, más que una cualidad de la libertad humana, es más bien un defecto de la libertad humana: Dios nos ha dado la capacidad de optar por el bien, asumiendo el riesgo que implica. No es correcto decir que si soy libre entonces tengo el poder de optar por el mal; más bien tendríamos que decir que, por ser libres, tenemos ese defecto por el que a veces el mal nos impide elegir el bien. Cada vez que "opto" por hacer el mal, en realidad no opté, sino que fui tan débil que no fui capaz de optar por lo que realmente me libera. Así como decimos que alimento es lo que alimenta, de la misma manera podemos decir que la libertad radica en lo que me libera, no en lo que me esclaviza. Si decido embriagarme, en realidad no estoy tomando una decisión libre: lo que pasa es que mis debilidades están decidiendo por mí; me quitan mi soberanía, me hacen esclavo o esclava de sus caprichos. Es libre quien hace actos libres y liberadores. Es esclavo quien hace actos que le esclavicen. Dicho de esta manera, no puede quedar más claro al sentido común.

Si decimos que la libertad es la capacidad de optar por el bien, significa que en nuestro interior no debe de haber apegos a nada que nos aleje del bien. Si digo que opto por algo que me lleva a hacer el mal, en realidad lo que quiero decir es que no fui lo suficientemente libre para elegir el bien porque tengo un apego grande a aquello que me frenó en esa capacidad. Por eso decimos que el pecado esclaviza, porque nos priva de esa libertad interior de optar por el bien.

Ahora nos preguntamos: ¿qué tiene que ver toda esta explicación con la pregunta inicial? ¿qué tiene qué ver la libertad con la capacidad de escucha? Pongamos el ejemplo de una mamá que tiene un apego muy grande a su hijo. El hijo va creciendo y llega a la juventud. Quiere irse a estudiar a otra ciudad y tiene todos los medios para hacerlo pero su mamá tiene un apego tan grande a su hijo y se siente tan incapaz de vivir sin su compañía que no es capaz de dejarlo ir. La madre no es libre para optar por el bien. Por lo tanto, será inútil que el hijo se siente a hablar con ella. No lo escuchará precisamente porque la madre no tiene esa libertad interior que le permita abrirse a entender las razones del otro. No habrá poder humano que la convenza mientras conserve ese apego en su corazón. Lo que la madre necesita no es sentarse a escuchar a su hijo sino trabajar por liberarse de ese apego que no la deja abrirse al bien. Muchas veces los apegos se tienen que manejar igual que las adicciones pues mientras más nos dejamos esclavizar por ellos, más fuertes se vuelven las cadenas que nos atan a ellos y mientras más tiempo se deja pasar sin romper esas cadenas, más doloroso será el proceso de desapego.

Pues bien, Dios es el ser libre por excelencia. En la vida de Cristo vimos que Él era libre y soberano. Nadie lo pudo someter ni pudo doblegar su voluntad contra el bien y contra el amor. Siempre fue capaz de optar, no sólo por el bien, sino siempre por el mayor bien. El bien a costa de sí mismo, el bien con todas sus consecuencias. ¡De ese calibre es la libertad interior de Cristo! Nada lo ató ni lo esclavizó. En cada uno de sus actos y de sus decisiones, fue soberanamente libre. Es por ello que nadie mejor que Él me puede escuchar, enteramente abierto a comprenderme y a salir al paso de mis necesidades: si no tiene apegos a su propio pensar, si lo que busca es sólo mi bien, siempre que llego con Él quejándome, encaprichado e incluso queriendo salirme con la mía, Él me escucha y está dispuesto a concederme lo que implique un mayor bien a mi alma. Dios no es como algunos lo pintan: intolerante con los pecadores, tajante con los necios y autoritario en sus mandatos. Él no se cierra a hablar con nadie. ¡¿Por qué hay gente que piensa eso?! Jesús se sentó a conversar con los publicanos, con los fariseos, con la samaritana. Él sabía la verdad... Él es la verdad y sabía que ella tenía aún un largo camino por recorrer, pero Cristo "perdió el tiempo" escuchándola, amándola con sus formas de pensar y con sus dogmatismos. Supo ver más allá de sus prejuicios. Sin cuestionarla y sin contradecirla, sin negarle su gracia ni reprenderla por su cerrazón, supo llegar al verdadero meollo de su corazón. No le solapó sus caprichos, sino que, por su mirada -en la que ella pudo percibir su amor tan puro y desinteresado-, Él pudo desnudar su corazón, quitarle las vendas que no le permitían ver La Verdad y liberarla para el amor verdadero.

Jesús no tiene miedo de escucharme en mis caprichos. No tiene miedo de "perder la discusión" porque confía plenamente en que la verdad, tarde o temprano, caerá por su propio peso en mi alma. Ni siquiera se presta a discutir conmigo. Muchas veces, cuando le presento argumentos absurdos, simplemente me mira en silencio y me acoge. Suelta las armas (toda su vida ha vivido completamente desarmado) y decide no pelear conmigo para dedicarse a amarme. Sabe que sólo el amor podrá, tarde o temprano, abrirme el corazón a la verdad pues sabe que "el amor es fuerte como la muerte, que los océanos no podrían apagar el amor ni los ríos extinguirlo." (Ct. 8, 7)

Esa libertad interior de Cristo nos reveló la universalidad de su corazón. ¿Qué quiero decir con esto? que por esa libertad para escuchar Él es capaz de acoger a cualquier persona, independientemente de sus ideologías, ideas preconcebidas, doctrinas raras o herejías. Él puede sentarse a la mesa con publicanos y pecadores, con la Virgen Inmaculada al igual que con la mujer pecadora. Si es verdad que la palabra "Católico" significa "Universal", entonces Jesús es el hombre más Católico, puesto que Él mejor que nadie tiene la capacidad de abrazar a cualquier persona, independientemente de sus culturas, ideologías, creencias morales, políticas o religiosas.

Me mira sin prisas pero sin pausas.

Jesús, al mirarme, no me presiona. Él respeta mis procesos y siempre lo ha hecho. Con Pedro debió necesitar muchísima paciencia. Tres largos años de convivencia no le bastaron a Pedro para purificar su corazón y llevarlo a arraigar su seguridad personal en el amor de Cristo y no en sus buenas intenciones o en sus supuestos talentos. Incluso después de la Resurrección, después de que el Espíritu Santo había descendido sobre los apóstoles, aún hay momentos en que se le ve escurridizo, temeroso como se constata en la carta a los Gálatas. Tal vez le llevó toda una vida lograr ese perfecto abandono en los designios de su Maestro, al que tanto amaba. Pero a final de cuentas, la gracia venció y la Iglesia hoy sigue aprendiendo del testimonio del primer vicario de Cristo en la tierra, que fue coronado con la palma del martirio.

Podríamos pensar que toda una vida es bastante tiempo para recapacitar. A veces quisiéramos acelerar los procesos de conversión que Dios maneja con las almas. Somos demasiado impacientes -y también arrogantes- y pretendemos nosotros darle lecciones a Dios sobre cómo y en qué momentos debe actuar e intervenir.

¡Cuánto debemos aprender a dejar a Dios ser Dios en nuestras vidas! Sus tiempos y sus formas de proceder siempre serán más sabias que las nuestras. Él tiene la historia de la humanidad en sus manos y su mirada me trasplanta al mundo sobrenatural que lleva un ritmo muy distinto al nuestro.

Muchas veces después de muchos años, he experimentado que finalmente entiendo por qué Dios obró en determinadas maneras en momentos concretos de mi vida. Muchas veces he agradecido a Dios - después de mucho tiempo- el que no haya hecho las cosas como yo le pedía que las hiciera. A veces caigo en la cuenta de que tenía que pasar por esa turbulencia en aquel lejano momento de mi vida para hoy poder abrirme a una gracia que habría tomado muchísimos años más sin aquellas pruebas. En el lento sufrir, Dios acelera los procesos y es aquí donde vemos a ese Dios que, de una manera misteriosa, actúa sin pausas. El dolor es como el fuego: si eres paja, te quema, pero si eres oro, te acrisola y te purifica y lo hace quemando desde las raíces más profundas. Él opta siempre por procesos de conversión duraderos, aunque a veces conlleven más tiempo y desgaste. Quiere concederte un don que sea sostenible, que no sea un regalo que tan pronto como llega se esfuma por falta de raíces. Por eso Dios actúa "a fuego lento", por decirlo de alguna manera.

Imaginemos, para entender mejor este punto, que una mamá tiene a su bebé enfermo. El síntoma más evidente es que el bebé no quiere comer. Pasan las horas y el bebé no quiere recibir nada en su boca. La mamá, preocupada, puede embutirle la comida en la boca al menos para que por el momento el bebé no muera de hambre. Sin embargo, eso no sanará al bebé puesto que el problema no es solamente que no coma, sino el hecho de que no quiere comer. De la misma manera, Dios cuando quiere sanarnos de los males que nos aquejan, no se conforma con embutirnos la comida en la boca, o con poner un simple parche sobre la herida. A Él le interesa sanar de raíz, acabar con el mal que está incrustado en el corazón. Arrancar el tumor podrá ser doloroso y a veces llevará tiempo, más del que quisiéramos. A veces pedimos a Dios que acelere los procesos, pero la verdad es que en muchos casos no sabemos lo que pedimos.

Dios, que nos creó en un mundo en el que todos los procesos naturales son regidos por las leyes del tiempo y del espacio, será el primero en respetar esos procesos y esas leyes. De lo contrario, sería un Dios que se contradice a sí mismo y, con ello, sería indigno de nuestra credibilidad. ¿Quién querría abandonarse en manos de un Dios que primero me crea libre y luego se entromete en mi vida contra mi voluntad, aunque fuera para sanarme o alegrarme por un momento? Dios sabe el momento preciso para concedernos un golpe de gracia, de la misma manera que un surfista sabe el momento exacto en el que tiene que montarse en la ola para poder surfearla y a veces su espera por ese momento indicado puede ser muy larga y tendrán que pasar muchas olas para que llegue la indicada. Dios sabe que detrás de esas largas esperas que muchas veces sufrimos en la vida humana hay un plan amoroso que, en realidad, está haciéndonos la vida más fácil de lo que pensamos. Creemos que Él no nos hace caso y que prefiere tomar el camino largo. Podríamos decir que sí, es verdad que a Él le gusta tomar el camino largo, pero tenemos la certeza de que sus caminos son más sabios y siempre más eficaces que los nuestros. Nosotros queremos el camino corto pero que a fin de cuentas no nos lleva a donde queríamos llegar. Él está dispuesto a tomar el riesgo de perdernos por nuestra impaciencia, pero sabe que sólo por esos caminos fatigosos podremos obtener lo que nuestro corazón realmente desea.

En esa espera, que para nosotros es larga, pesada y a veces insoportable, Él nos mira. No deja de contemplarnos y nos alienta en silencio. Si pudiéramos ver, al menos por un momento, cómo Él nos mira en cada momento y especialmente en los momentos más difíciles de nuestra vida, moriríamos de conmoción y gratitud. En su mirada somos fortalecidos sin darnos cuenta y en esa mirada, si es que nos prestamos para sentirla en la oración, descubrimos que Él no nos ha pedido nada que exceda nuestras fuerzas. Y no sólo eso: descubrimos en su mirada que las

116

cosas que me ocurren, no me pasan *a mí*, sino que pasan *para mí*. Misteriosamente, en su mirada descubro que esas circunstancias que me hacen sufrir, son en realidad un regalo, un cofre en el que se esconde una perla preciosa por la que querré venderlo todo, seguir sufriéndolo todo y arriesgándolo todo pues esa perla vale la pena, ¡vale mucho más que la pena!

Mirada que asegura la incondicionalidad.

Creo, personalmente, que esta es la cualidad más poderosa de La Mirada de Cristo. Es la mirada que nos penetra precisamente en los momentos en los que más nos sentimos indignos de ser mirados con amor. Para ayudarnos a profundizar en este punto, utilizaré el testimonio que nos regala Pedro en el Evangelio, especialmente después del momento de las negaciones y en el encuentro con Jesús resucitado en el lago de Tiberíades:

"E inmediatamente, mientras estaba hablando, cantó un gallo. Entonces el Señor dirigiéndose hacia Pedro, lo miró. Pedro recordó que el Señor le había dicho: "hoy mismo, antes que el gallo cante, me habrás negado tres veces"; y saliendo afuera, lloró amargamente." (Lc. 22, 60-65)

Bien sabemos que esa misma noche, tan sólo unas horas antes de este momento tan vergonzoso en la vida del Apóstol, Pedro había asegurado con total certeza que iría con Cristo hasta la muerte. Aunque el Evangelio no describe las miradas, podemos usar nuestra imaginación iluminada por la fe para profundizar en el misterio. ¿Cómo habrá mirado Cristo a Pedro en el momento en que le aseguró que iría con Él a la cárcel e incluso a la muerte? Jesús, que conocía los corazones, sabía que Pedro le amaba profundamente, y que esa afirmación brotaba de un corazón espontáneo, lleno de buenas intenciones, aunque afianzado aún en sus propias seguridades. Por otro lado, también sabía que Pedro cobardemente le negaría tres veces, frente a una sirvienta que de cualquier forma no había podido llevarlo al encarcelamiento. Él conocía el colmo de la cobardía a la que llegaría su gran amigo que presenció los milagros más ostentosos, que le acompañó en sus jornadas más pesadas, que le vio reír, llorar por la muerte de su amigo Lázaro, que le abrió las puertas de su casa y le hizo la confesión de fe más solemne que registra el Evangelio: "Tú eres el Mesías, el Hijo de Dios vivo" (Mt. 16, 16). Cristo conocía su corazón mejor que nadie. Aunque el evangelio no lo cuenta, la certeza que Pedro revela en el encuentro con Jesús resucitado de que Cristo lo sabía todo y que Él sabía cuánto le quería, nos induce a pensar que seguramente Pedro muchas veces habrá desahogado con Él su corazón con todas sus angustias, complejos, pesares y tristezas. ¡Cuántas veces Pedro habrá experimentado la ternura de Cristo y la profunda seguridad que le confería para seguir adelante! Cuántas veces Pedro, con su espontaneidad tan notoria, habrá llorado como un niño pequeño en brazos de su Maestro, experimentando que el Corazón de Cristo podía ser siempre ese refugio en el que siempre podría esconderse y encontrar alivio. Y con todo, Pedro le niega no una, ni dos, sino tres veces. Y Cristo le mira.

Para ese momento, sabemos que Cristo ya estaba bastante maltratado. El camino del huerto a la casa del sumo sacerdote fue por sí sólo bastante tortura y humillación para nuestro humilde Redentor. Las revelaciones de algunos místicos nos cuentan que todos los golpes y tirones que Cristo tuvo que soportar en ese lapso habrían sido suficientes para haberlo matado. Sin embargo, Él oró al Padre para que le permitiera llegar hasta el momento culminante de la crucifixión. ¿Cómo habrá sido su mirada entre tanta sangre e hinchazón? A pesar de todas las heridas que ya deformaban su rostro, su mirada se conservaba limpia e inocente. Cristo le miró, no con la ingenuidad de uno que experimenta la decepción y la sorpresa de la traición. ¡Él ya sabía que eso iba a pasar! Le miró confirmándole el amor que le tenía a pesar de haber escuchado cómo él le traicionaba en su cara frente a la empleada de turno. En la mirada de

Cristo, Pedro supo que horas antes, mientras él le prometía fidelidad hasta la muerte, Cristo ya sabía que esto iba a pasar. No hubo reproches en esa mirada, no hubo enojos ni juicios: era Cristo que veía su corazón débil, acobardado por las circunstancias tan adversas e inesperadas, temeroso por ver a su maestro ahora tan vulnerable, como nunca lo había visto. Cristo vio en Pedro lo que ni siquiera él alcanzaba a ver de sí mismo. Pedro sólo alcanzaba a ver la cobardía, la traición, la mentira, el abandono y el rechazo con que le escupió en la cara a su fiel y tierno amigo. Y dice el Evangelio que Pedro salió y lloró amargamente. ¡Vaya que se llevó a cabo el efecto demoledor en su corazón! Por primera vez Pedro se encontró con una incondicionalidad incomprensible, nunca antes vista por ojos humanos; una incondicionalidad que demolió, en un solo instante, esa certeza de que tenía que ganarse el amor, de que había que dar la vida por el amado para ser digno de ser correspondido. Ahí descubrió que, desde la eternidad, había sido bendecido con un amor siempre inmerecido, pero siempre definitivo y estable, dado *a priori* no como un premio a conquistar, sino como un regalo enteramente gratuito.

Días más tarde, en el lago de Tiberíades, Pedro quiso ir a pescar. Quería volver a la vida de antes, como queriendo olvidar todo lo pasado, sumido en un complejo profundísimo por la consciencia de su traición, sintiéndose tan indigno de confianza, tan indispuesto a liderar a los apóstoles a ser pescadores de hombres después de semejante traición. Pensaba que volver a su vida de pescador corriente le haría olvidar todo lo sucedido. Y Cristo vino a su encuentro. Pedro sabía que era Él, comió con Él, pero ni él ni los otros discípulos se atrevieron a preguntarle si era el Señor. Pedro le miraba pero siempre con una mirada baja, indispuesta a conectar con los ojos del Maestro. Cristo, con sumo respeto por esa santa vergüenza que sentía su amigo, sin violentarlo ni humillarlo, le preguntó dulcemente: "Simón, hijo de Juan, ¿me quieres?" (Jn. 21, 17). Cada pregunta fue en el corazón de Pedro como un dulce martillazo que continuaba demoliendo aquellas barreras que le impedían dejarse amar por el amor; martillazos que, poco a poco, le fueron capacitando para levantar los ojos y permitir el cruce de miradas, ese cruce de miradas que habría de ser el golpe de gracia. ¿Qué vio Pedro en los ojos de Cristo? Vio a un Dios que le amaba a pesar de todo lo que era, y a pesar de todo lo que no era y que anhelaba ser amado por él. Pedro vio en esa mirada que sus pecados habían quedado aniquilados y crucificados con el Salvador. Ya no importaban, ya habían sido derrotados por el amor infinito y eternamente incondicional de Cristo.

Así como Pedro, muchos siguen experimentando esa mirada de amor incondicional de Cristo. Hace algunos años conocí a un sacerdote que descubrió su llamado en su momento de peor indiferencia religiosa, gracias a la mirada de amor incondicional de Cristo. Era un joven disipado, amigo de las parrandas, superficial en sus relaciones y totalmente desinteresado en todo lo que tuviera que ver con Dios. Una vez lo invitaron a un retiro espiritual. Por una apuesta terminó asistiendo con algunos de sus amigos. Dado que no estaban ahí por convicción, el primer día decidieron escaparse de las actividades y simplemente armar su propio horario de descanso, risotadas y ocio. El Padre que los acompañaba, al ver su total desinterés se les acercó en un momento y les dijo que estaba disponible para escuchar confesiones en caso de que alguno estuviera interesado. Se retiró y se fue a rezar con su breviario sentado en el confesionario. Él y sus amigos empezaron a hacer bromas al respecto y lo retaron, afirmando que sería una gallina si no iba a confesarse. Él, incapaz de manchar su imagen, se levantó y fue con el padre. En la confesión se sinceró y le dijo al sacerdote: "Estoy en este retiro sólo por una apuesta y vine al confesionario para demostrarle a mis amigos que no soy una gallina. No tengo pecados de los cuales me arrepienta y no me interesa que me dé la absolución." El Padre, mirándolo con cariño le dijo: "Pues ahora me tendrás que demostrar a mí también que no eres gallina y vas a hacer lo que te voy a decir, si es que puedes."

El joven, con el orgullo un poco herido infló el pecho afirmando que haría lo que fuera, seguro de que nada que un curita de pueblo pudiera proponerle podría intimidarle. El padre le dijo entonces: "Vas a ir a la capilla, te vas a arrodillar frente al crucifijo y, mirándole a los ojos le dirás cien veces en voz alta: "Tú moriste por mí y a mí no me importa nada"." El joven pensó que eso era demasiado fácil, se rió de la propuesta y fue a cumplir su penitencia. Comenzó a repetir mecánicamente "Tú moriste por mí y a mí no me importa nada", una y otra vez, sin experimentar ningún efecto y pensando que se dormiría antes de llegar a la meta. Recordó que el padre le había dicho que tenía que hacerlo mirando a los ojos al Cristo de la cruz. Fijó su mirada en ellos y continuó con su recitación. Poco a poco, comenzó a sentir un poco de vergüenza por lo que decía; las palabras comenzaron a calar en su corazón, y empezó a caer en la cuenta: "Realmente Él murió por mí y realmente a mí no me ha importado nada". Las lágrimas comenzaron a rodar y no podía dejar de ver a Cristo crucificado sin sentir un profundo dolor por todos sus pecados, por su desfachatez y dureza de corazón. No fue capaz de recitar la frase cien veces. Volvió con el padre, tuvo la primera confesión seria de su vida (después de la de su primera comunión) y, a partir de ahí, su vida tomó un giro de 180 grados que le llevó a la ordenación sacerdotal. Y todo por esa mirada de amor incondicional.

Mirada estable y serena.

Muchas veces he experimentado en mi vida, especialmente al salir del confesionario, que Jesús es el único hombre con quien siempre, ¡siempre! puedo volver a empezar. Es impresionante constatar cómo no se cansa de perdonar. El Papa Francisco ha dicho en repetidas ocasiones que Dios no se cansa de perdonarnos, somos nosotros los que nos cansamos de pedir perdón. Con Él nunca llegaremos al punto en el que agotemos su paciencia y termine hastiado de nosotros. Él no cambia, su corazón es siempre el mismo. Mi corazón se mueve de una emoción a otra, sufre constantes altibajos y muchas veces tiene la mecha corta: soporta muy poco antes de que la bomba explote. El corazón de Cristo, incluso en sus momentos de tanta turbulencia, siempre se mantuvo sereno, afianzado en el amor del Padre y en el amor que quería regalar a todos los hombres. En la flagelación no vemos a un hombre rendido y desesperado como se desesperan los reos que, ante tanta tortura deciden finalmente revelar la verdad que escondían. Como bien muestra la película de La Pasión de Mel Gibson, Cristo, justo antes de sufrir la terrible flagelación, elevó sus ojos al Padre y afirmó: "Padre, mi corazón está listo". El amor que había en su corazón es tan estable, que le sirvió de roca inamovible para no desfallecer. De la misma manera, ese amor que brota y se desborda de su corazón, es un amor estable, siempre infinitamente fecundo, siempre desbordante, siempre yendo hacia afuera de sí mismo. Pareciera que, mientras más lo torturamos, más Él quiere donar su amor, como una naranja que, mientras más es exprimida, más derrocha su dulce néctar para saciar nuestra sed y aliviar nuestras tristezas.

Jesús, en su mirada, me regala una paz que es invencible. No hay nada que le tome por sorpresa de mi comportamiento y de mis infidelidades, puesto que tiene mi vida entera en sus manos y conoce mis pecados de ayer, de hoy y de mañana. Él conocía mis pecados en el momento de la crucifixión y, aun así, dio su vida por mí. Su amor es una roca que ya fue donada para que yo tuviera siempre dónde reclinar la cabeza.

Dice el libro de la Sabiduría una de las profecías que más me deja sin palabras: "Veamos si es verdad lo que dice, comprobemos cómo le va al final (...). Probémoslo con ofensas y tortura: así veremos hasta dónde llega su paciencia y comprobaremos su resistencia." (Sab. 2, 17; 19). Vaya que a los hombres nos gusta tomarle la medida a Cristo y comprobar una y otra vez hasta dónde llega su paciencia. Y cuando lo herimos pensando que con ello tocaremos el fondo de su paciencia, el límite de su amor oblativo, sólo constatamos que su corazón tiene unas profundidades insondables, incapaces de ser penetradas en su totalidad por el ser humano.

En su mirada descubro que, en mi vida, hay una sola verdad que nunca cambia: la verdad de que soy profundamente amada. Cambia mi capacidad y mi deseo de amar -¡vaya que cambia!-; cambian mis talentos, cambian mis defectos, cambian las personas con las que me relaciono, cambia la estabilidad económica, mi visión de la vida... ¡Todo cambia! Pero lo único que no cambia es ese amor con el que he sido mirada. Esa verdad de ser amada no cambia, ni aún si yo quisiera ponerla a prueba.

Contemplar la herida del corazón traspasado de Cristo me ayuda a apreciar mejor esta verdad. Muchas veces me preguntaba por qué Jesús permitió esa herida en su costado. Leía en algunos libros que ofreció incluso ese dolor de ver su corazón herido pero yo, que muchas veces peco de exceso de pragmatismo, no entendía a qué se referían puesto que esa herida fue infringida después de la muerte de Cristo. ¿Cómo le iba a doler si ya había muerto? Ahora entiendo que, en realidad, Cristo permitió que le traspasaran su corazón, principalmente para mostrar a los hombres hasta dónde llegaría el colmo de su misericordia para con nosotros: los hombres, poseídos por ese deseo de matar a su Dios, empecinados por torturarlo hasta el extremo, por asegurar que derramara cada gota con la mayor intensidad de dolor posible, pensaron ¿cómo más poder seguir hiriéndolo aun estando ya muerto? ¿Qué poder hacer para seguir humillándolo aunque ya hayamos acabado con su vida? Y el demonio vio su Corazón que permanecía intacto. ¡Cómo iba a permitir que ese Corazón, el sagrario del alma divina, pudiera permanecer incorrupto! Había que triturarlo, había que perforarlo, violarlo y saquearlo para que entonces sí pudiera decir que aniquiló a Dios y todo lo que había de bondad en Él. Y el soldado clavo la lanza.

Pues bien, al recibir la lanzada, Dios misericordioso quiso utilizar también esa herida para sanar nuestras heridas. Quiso responder a tal gesto de crueldad, con un gesto de amor igualmente proporcional. No conformándose con haber dado todo de sí hasta haber sufrido lo insufrible y haber alcanzado la muerte más lenta, dolorosa y humillante que jamás hombre alguno podrá enfrentar; no conformándose con haber dejado de expirar para poder aniquilar la muerte desde dentro dándonos a los hombres la certeza de que ni siquiera la misma muerte puede separarnos de su amor, permitió que aquel soldado traspasara su costado. Con ello, derrochó sobre él, precisamente sobre él (que representa a todos los que hemos llegado al colmo de la maldad), toda la abundancia de su corazón misericordioso y tierno que simplemente no sabe odiar, no sabe maldecir ni juzgar. Al colmo de la miseria humana, correspondía otro colmo infinitamente más abundante de misericordia y perdón.

Gracias a ese soldado y a ese odio tan demoniaco, la Iglesia naciente encontró el atajo para llegar al corazón de Cristo y, desde entonces, puede cantar la gran paradoja del misterio humano: "¡Oh feliz culpa que mereció tal y tan gran Redentor!"

Es así, por medio de este amor derrochado, que su mirada nos ofrece la certeza de que no hay nada que pueda hacer que le vaya a escandalizar o a decepcionar. Su mirada es siempre serena, es siempre estable. No es una mirada estoica, como quien mira indiferente el acontecer de nuestra historia; es una mirada en la que el amor siempre se expresa en sumo grado y se mantiene en ese nivel. Es una mirada que no me humilla cuando siento la vergüenza de mi pecado. Cuando menos quiero mirarle a los ojos por la falsedad de mi corazón, es cuando Él más me recalca con su mirada que me ama igual que como me amaba ayer. En su mirada constato que nada ha cambiado en Él, a pesar de que yo sí he cambiado para mal... ¿quién puede decir que conserva la pureza de la niñez? Y sin embargo, Él nos mira con la misma ternura y compasión. En su mirada descubro lo cierto que es el hecho de que Él ya murió por mí, ya me amó, ya apostó su vida entera por mí desde antes de que yo pecara, pero no lo hizo como un ingenuo que no sabía que sería defraudado. ¡No!

Lo hizo ya sabiendo todo lo que iba a pasar: lo hizo con consciencia plena de mi traición y mi hipocresía. Yo ya he sido amado; no tengo que ganarme ese amor. Y en esa certeza encuentro la estabilidad que tanto necesita mi corazón cambiante.

Mirada que me sana desde el amor herido.

Siempre me ha asombrado encontrarme con cristianos que, aunque se muestran muy enamorados de Cristo, piensan que seguramente se mostraba siempre serio, tan sabio e inalcanzable que en su porte tendría que reflejar cierta frialdad y seriedad ante la vida. Me asombra no en cuanto a que genere en mí un juicio negativo de ellos. Tal vez sea verdad exactamente lo contrario: ¡Cuánta más fe exigirá el amar a un hombre que no toca su realidad, que no es capaz de conectar con sus emociones! Para mí ha sido muy fácil amar a Cristo porque siempre Él me ha dado la gracia de experimentarlo como un Dios cercano, que me conoce, que es capaz de reírse y de llorar conmigo; un Dios que entiende mi humanidad y que tiene un corazón de carne. Pero pienso en todas esas personas que, sin contar con esa experiencia de Dios, aun así lo aman e incluso le aman con más fervor y voluntad que yo y que muchos otros.

Pienso que yo jamás me habría enamorado de Cristo si no hubiera visto en sus ojos lágrimas de amor por mí. Jesús tenía que haber sido un hombre de una carga emocional extraordinaria. Lo sabemos porque en el Evangelio lo vemos llorar y suspirar profundamente ante el dolor de María por la muerte de su hermano, y cómo habrá sido su llanto que la gente que lo vio exclamó "¡Cómo lo quería!" (Jn. 11, 36). Lo vemos conmovido también cuando se encuentra con la viuda que había perdido a su único hijo y, tal vez pensando en el dolor que María, su madre, habría de afrontar durante su Pasión, quiso devolverle a la viejecita a su hijo diciéndole: "No llores más". ¡Jesús sufría al ver a la gente sufrir! Y sigue sufriendo cada vez que nos ve sufrir.

Jesús se deja herir por nuestro dolor. Si definimos la empatía como esa capacidad de entender el universo emocional de la otra persona, vemos que Cristo ha sido el hombre empático por excelencia: sólo Él es capaz de percibir y entender los sentimientos ajenos y de ayudar a la persona a que se sienta menos sola. Él mejor que nadie fue capaz -y lo sigue siendo en todos los tiempos de la historia-, de sufrir con el otro, de com-padecer, al grado de apropiarse todas nuestras penas y padecerlas en su grado máximo y llevándolas al extremo en el sacrificio de la cruz.

Cristo deja que le maltratemos y, desde ese maltrato, nos mira con amor y nos repite que nos ama. ¿Por qué obra así con los hombres? Pienso que es porque, de no haber sufrido con nosotros y por nosotros (al decir por nosotros no sólo quiero decir que sufrió *para* nosotros sino también *por culpa de* nosotros), le habríamos podido echar en cara que es un Dios que exige la perfección desde su trono, pero Él no mueve un dedo ni se incomoda un milímetro por ayudarnos. Pienso que, si Cristo no habría querido abrazar nuestro sufrimiento en primera persona, le habríamos culpado de ser un Dios muy duro e intransigente. ¡Y lo paradójico es que de todas formas le seguimos culpando!

Imaginemos dos tipos de dioses y tratemos de pensar con cuál nos quedaríamos: ambos son omniscientes (es decir, que todo lo saben), omnipresentes y omnipotentes. Pero el primer dios es un dios castigador, vigilante de sus creaturas, atento para castigar con rayos, fuego y látigos al primero que le desobedezca. Su presencia inspira terror y con su mirada amenazante mueve la voluntad de todos a obedecerle hasta en cada coma de lo que manda. El segundo dios es un dios que rompe esquemas pues se baja de su trono, me toma de la mano y me hace sentar en su trono; luego se arrodilla frente a mí y me pide, como un mendigo, las migajas de mi amor. Me dice que no necesito hacer nada para ganarme su cariño y la salvación que tiene preparada para mí, que sólo necesito aceptarla libremente y dejarme amar por Él. Tal vez este Dios se vea traicionado más fácilmente, pues no faltarán hombrecillos que quieran abusar de tanta

126

bondad y sean capaces de escupirle en la cara. Sin embargo, después de escupirle una y otra vez, la bondad invencible de su Creador terminará doblegando sus corazones hasta llevarles al arrepentimiento sincero.

Resulta incluso absurdo preguntar con cuál de los dos dioses nos quedaríamos. ¡Es obvio que todos queremos la paciencia y la misericordia del segundo! Es verdad que a veces quisiéramos que Dios no nos permitiera hacer el mal y, movidos por la falsedad de que el primer dios castigador puede lograr mayor fidelidad que el segundo, podríamos vernos tentados a elegir al primer dios. Pero tarde o temprano terminaríamos por cansarnos de él, pues nuestros actos de fidelidad tendrían como motor el miedo y no el amor. El miedo, aunque puede ser una fuente de energía muy poderosa, tarde o temprano termina carcomiendo toda la ilusión y el ímpetu del corazón y genera heridas con las cuales termina siendo más doloroso seguir viviendo.

En cambio, vemos cómo Dios, siendo como el segundo Dios, muestra su sabiduría que sobrepasa los más sabios criterios humanos. El primer dios podrá mover nuestra voluntad a ejecutar sus órdenes, pero no tendrá la capacidad, como el segundo Dios, de mover y con-mover nuestros corazones a obedecerle desde la gratitud y la confianza en que sus planes son siempre amigos y aliados de mi felicidad. El primer dios, podría exigirme: "¡ámame!" pero con ello no lograría mover los corazones a amarle sinceramente; lo más que podría lograr sería mover la fuerza de voluntad a realizar actos que pudieran expresar amor. En cambio, nuestro Dios, el Dios de los cristianos, puede movernos a la fidelidad desde dentro porque vemos que Él ha sufrido con nosotros y por nosotros: de Él sí podemos enamorarnos, a Él sí le podemos amar con todo nuestro corazón, con toda nuestra alma y con todas nuestras fuerzas.

De hecho, tanto es así que resulta muy conmovedor leer aquellos pasajes del Evangelio en los que Jesús habla con dureza, para luego constatar en todos ellos cómo Él se echó sobre sus hombros toda la exigencia de sus mismas palabras.

Un ejemplo muy elocuente es el del encuentro con la mujer cananea. Jesús, al escuchar su petición de curar a su hija que vivía atormentada por un demonio, vemos que le habla con una frialdad que raya con la humillación: "No está bien tomar el pan de los hijos para echárselo a los perritos." Ese comentario habría sido suficiente para herir el orgullo de aquella mujer a tal grado que seguir rogándole a ese supuesto rabino habría resultado incluso inapropiado. Sin embargo, era tal el dolor de la cananea -y Cristo lo sabía y lo sentía- que, en una profunda humildad supo contestar sagazmente: "Es cierto, Señor, pero también los perritos comen las migajas que caen de la mesa de sus amos." Al final Jesús le da el regalo que ella pide y, más aún, le regala un piropo que la ha hecho digna de admiración por tantas generaciones: "Mujer, ¡grande es tu fe! Que te suceda lo que pides." (Mt. 15, 26.28)

Pero aquí no acaba la misericordia con la que Jesús quiere reparar por sus palabras tan duras. Más adelante en el Evangelio vemos a Jesús apropiándose de la gran exigencia de sus palabras. Parecería que comparó a la mujer con un perrito (¡sirva de consolación el diminutivo!). En realidad, Jesús quiso dirigirle estas palabras tan duras para profetizar de alguna manera el papel que más adelante Él asumiría frente a toda la humanidad. Él, siendo el pan de vida, se convirtió en una migaja que resbaló de la mesa del Padre. No tuvo reparos en caer en el polvo de nuestra existencia humana. Se hizo tan vil y tan bajo como uno de nosotros sólo para que nosotros, los que estábamos hambrientos como los perritos abandonados, pudiéramos comer de sus migajas y saciar nuestra hambre de amor, de perdón y de aceptación.

Viendo esto desde otra perspectiva evangélica, también quiso dirigir a la mujer estas palabras para profetizar cómo Él también terminaría siendo como ese perrito que suplica las migajas de nuestro amor. Nos mira como nos miran los perros hambrientos mientras estamos sentados a la mesa, pidiéndonos que le demos al menos una migajita, lo que nos sobre de nuestro corazón. Dios, el creador, ruega a su criatura una migaja de su amor.

Un momento en el que experimenté esta realidad en la mirada de Cristo, fue hace varios años durante una Semana Santa en una de nuestras academias en las que las niñas estudian por un año y luego regresan a sus casas. Estaba yo a cargo de un grupo de exalumnas, todas adolescentes que venían a la academia a pasar una Semana Santa diferente: tendrían paseos y momentos de diversión combinados con predicaciones y dinámicas que les ayudarían a vivir la Semana Santa acompañando y consolando el Corazón de Cristo. Una de ellas, no mostraba el menor interés por nada que tuviera que ver con Jesús y la Semana Santa. Cada día llegaba más y más tarde a la misa matutina hasta que el miércoles santo llegó poco antes de la bendición final. Yo, que llevaba pocos años consagrada y que tal vez quería que todas las personas amasen a Cristo con la misma pasión y fervor que yo experimentaba en esos momentos en mi corazón, me escandalicé y me enojé mucho por la indiferencia espiritual de esa niña. No podía creer que pudiera ser tan ingrata con Dios, especialmente a punto de entrar en los días de su Pasión. Terminando la misa decidí hablar con ella para llamarle la atención, pero -gracias a Dios-, antes decidí hacer una visita frente al Santísimo. Le pedí a Jesús que disculpara a la niña, prometiéndole que yo me encargaría de ponerla en su lugar. Sin embargo, Jesús, en el silencio de mi corazón, me miró a los ojos con amor y me pidió algo que me desarmó por completo. Supe que, lejos de ir a regañar a la niña, más bien Cristo quería que fuera a agradecerle por haber llegado al menos a la bendición. Ciertamente, esas misas diarias no eran misas de precepto, y la niña bien habría podido decidir no ir en absoluto. Sin embargo, ahí estuvo, aunque llegara tarde y distraída. Cristo no veía su impuntualidad, sino simplemente que estuvo y que algún esfuerzo le habría implicado. Cristo no vio a la niña superficial y desinteresada que yo veía; Él vio a la niña dócil que a pesar de la desgana natural se levantó y se arregló para ir a saludarle a la capilla. Jesús vio a esa niña que no era capaz de rebelarse del todo ante la consagrada, que prefería llegar tarde -con todo lo que implica el tragarse la vergüenza de ser vista por todas- a dejarse llevar por la indiferencia total. Se resistía a caer tan bajo.

Lo más bello de toda esta situación fue la transformación que tuvo a partir de que hablé con ella saliendo de la capilla. La mandé llamar y decidí ser totalmente sincera con ella: le dije lo que pensaba hacer y decirle antes de hacer esa pequeña visita al Santísimo, y luego le conté cómo sentí que Jesús más bien quiso reprenderme a mí. Le conté que Él seguramente estaba feliz de verla llegar a la capilla y que a Él eso le bastaba pues sabía que no tenía ninguna obligación de estar ahí. Ella me escuchó en silencio. Aunque mostró indiferencia y simplemente me preguntó: "¿eso era lo que me querías decir? ¿ya me puedo ir?" Supe -y lo supe por su mirada-, que en realidad ella estaba fingiendo esa indiferencia. Algo cambió en ella en ese momento. Tal vez sintió la mirada de Dios, o tal vez fue el escuchar lo que le decía, pero algo cambió en ella. Al día siguiente, para mi gran sorpresa, ella fue la primera en llegar a la capilla, lista para la celebración del Jueves Santo. Jesús, desde su Corazón herido de amor por ella, la sanó y le calentó un poco su corazón endurecido tal vez por los golpes de la vida. Nunca más la he vuelto a ver y no sé si su vida tomó un camino distinto del que parecía llevar. Pero lo que sí sé es que ese día, Dios tocó su corazón y, desde entonces, ella quedó capacitada para afrontar cualquier dificultad que le pueda venir con la esperanza cierta de que es amada.

El corazón de Cristo, herido por el desprecio de las almas, no se detuvo a reprochar a esa adolescente por la falta de amor; antes le agradeció las migajas de amor, como cuando seguramente habrá agradecido las pocas gotas de agua que aquella Verónica tuvo la osadía de ofrecerle en medio de látigos y gritos de odio camino al Calvario.

Mirada que me evangeliza sin caer en adoctrinamientos.

La mirada de Cristo también me evangeliza. Pero, ¿qué entendemos por "evangelizar"? La palabra del griego significa anunciar una buena noticia. Podríamos decir que una persona evangelizada es una persona "puesta al corriente". Yendo más a fondo en el significado de esta palabra a lo largo de la historia de la Iglesia, vemos que evangelizar no es solamente dar a conocer una buena noticia; es más bien transmitir la fuerza de esa buena noticia, que es el Evangelio. Quien evangeliza no es solamente uno que informa, como hoy en día Google nos informa de tantas cosas. El evangelizador no es un buscador y mero transmisor de buenas noticias. Es una persona, o incluso una circunstancia, que hace que la persona evangelizada experimente el "golpe de gracia", el efecto demoledor, el gozo inefable de una verdad que tal vez conocía pero que no había experimentado personalmente.

En este sentido, decir que la mirada de Cristo me evangeliza, significa que en su mirada descubro una verdad que me sorprende, me cautiva y que, de hecho, es tan fuerte que me transforma por dentro. Evangelizar es llevar a la persona al asombro y a la conmoción que se experimenta cuando se está frente a la Belleza misma y que siempre confiere una nueva chispa en el alma.

¿Por qué digo que Cristo me evangeliza sin caer en adoctrinamientos? Porque tristemente hoy muchas personas confunden estos dos términos y reducen la evangelización -que implica una experiencia transformante- a un mero adoctrinamiento, que implica simplemente la transmisión de información doctrinal. Hay catequistas que piensan que su deber es leer el Catecismo a los niños, hacerles preguntas para asegurar que hayan puesto atención y pedirles memorizar ciertos conceptos esenciales a la fe cristiana. No digo que eso esté necesariamente mal. Yo he sido profesora de religión por muchos años y muchas veces he hecho eso. Sin embargo, el proceso de evangelización no se agota ahí. Requiere del toque de la gracia que muchas veces necesita de un ambiente propicio, de un terreno bien preparado y un corazón abierto.

Una vez hace algunos años, estando a cargo de los clubes juveniles de la ciudad donde radicaba, me tocó lidiar con un grupo de niñas adolescentes de segundo de secundaria muy rebeldes y reacias a todas las consagradas. Algo habrá pasado con alguna consagrada en el pasado que a todas les molestaba la presencia de cualquiera de nosotras, por el simple hecho de ser consagradas. Desde el primer día que llegué, cuando fui a saludarlas en el tiempo de recreo, me miraron con fastidio volteando los ojos y una de ellas tuvo el valor de pedirme si las podía dejar solas, pues estaban hablando de cosas importantes. En todas las excursiones del colegio, los viajes culturales o retiros a los que tenían que asistir, siempre nos pedían que por favor ni se nos ocurriera hablar de Dios, pues estaban cansadas del típico "sermón de consagradita", como solían decir. Realmente me sentía torpe y fastidiosa cuando estaba con ellas. Me sorprendió mucho que un día llegaron a pedirme si les podía organizar un retiro espiritual, afirmando que ya habían conseguido una casa donde poder hacerlo. Inmediatamente noté que lo que querían era irse juntas un fin de semana a esa casa que estaba en una isla y que tenía lanchas, esquíes acuáticos, yacusi y algunas otras atracciones. A fin de cuentas, los papás les darían permiso de ir sin ellos, sólo si decían que iban a un retiro espiritual con las consagradas. Acepté el reto fingiendo una ingenua alegría y sorpresa, como si no me diera cuenta del plan que ellas traían entre manos. Durante la preparación del "retiro" supe que iba a ser totalmente contraproducente tratar de propiciar momentos de oración o de encuentro con Dios. Ya una niña me había advertido en secreto que las niñas no pensaban hacerme caso en absoluto y que incluso pensaban encerrarme en un cuarto para ellas poder hacer lo que les diera la gana. Las otras consagradas estaban nerviosas, temiendo lo peor para las dos consagradas que iríamos con las niñas. El día de la partida, una de ellas me

132

dijo: "Karla, por favor prométeme que les van a hablar de Dios a esas niñas. Lo necesitan tanto. No tengas miedo de hablar de Él abiertamente, Él se encargará de abrirles el corazón." A ello, le contesté: "No te preocupes, yo no puedo no hablar de Dios, pues para eso me consagré. Les hablaré de Él en mi manera de acompañarlas y con mi mirada. Si es prudente y si el tiempo es oportuno, les hablaré de Él también con las palabras." Tal vez no era lo que ella esperaba escuchar, pero así nos fuimos al retiro.

A decir verdad, el fin de semana fue más un tiempo de integración que de retiro espiritual. Estuve con ellas, me propuse disfrutar estar con ellas; hice todo lo posible porque la pasaran increíblemente bien; me subí a la lancha con ellas, cosa que les encantó por el simple hecho de ver a una consagrada en traje de baño; me subí con ellas a la dona para dejarnos llevar por la lancha y salir volando con el impacto de las olas; les conté chistes, les conté experiencias conmovedoras que he tenido en mi vida consagrada, les pregunté qué era lo que más les hacía feliz, qué proyectos les gustaría hacer juntas para dejar huella en el colegio y en el ambiente en que se movían. Realmente puedo decir que tuve un encuentro personal con muchas de ellas. Fue mágico. No les leí el Evangelio ni el Catecismo. No les dirigí ningún momento de oración más que la bendición de los alimentos y un Padre Nuestro al inicio y al final de cada día. Pero realmente puedo decir que salieron evangelizadas porque sintieron que las acompañé desde donde ellas estaban y no desde donde yo quería que estuvieran. ¡Y lo mejor fue que no me encerraron en el cuarto!

Unas semanas después, dos de ellas se acercaron a pedirme si las aceptaba como responsables de uno de los equipos del ECyD de su ciudad (el ECyD: Encuentros, Convicciones y Decisiones, es la organización internacional que engloba todos los clubes juveniles que dirigen las consagradas del Regnum Christi). Otra de ellas, después de unos días, me pidió dirección espiritual, y era la primera vez en su vida que pedía hablar con una consagrada. Otras, con el paso de los años, sé que han participado en las misiones y en los programas de voluntariado que tenemos en el Movimiento Regnum Christi.

¿Y por qué cuento todo esto cuando el tema es la mirada de Dios? Porque Dios hace lo mismo con nosotros y, de hecho, lo hace muchísimo mejor. Evangelizar, más que una *tarea* que Dios hace con nosotros, consiste en una *presencia* que genera un encuentro. Él, con su mirada, no me llena de información que me entra por un oído y me sale por el otro, sino que me mira de tal forma que me hace sentir que yo soy el centro de su atención. Dios me contempla y no me impone el tema de conversación que Él tiene preparado para mí: me contempla y mantiene su corazón abierto a acoger lo que sea que yo quiera venir a poner en sus manos. Esas aflicciones mías, mis preocupaciones, tristezas o alegrías, son su punto de partida al acompañarme y son siempre su tema de conversación. Desde allí, Él me toma de la mano y me acompaña, incluso en lo que, para otras personas, podría parecer demasiado superficial como para hablarlo con Dios.

Hace poco, con un grupo de jóvenes, les pedí que anotaran en un papel anónimo las cosas que más les agobian en sus vidas. Una de ellas escribió: ¿Por qué soy tan fea y tan gorda? ¿Por qué me salen granos en la cara? Pienso que, si ésas son las cosas que nos afligen, Dios las toma y escucha con la misma seriedad que si le estuviéramos hablando de la tercera guerra mundial. Para Dios, todo lo que me aflige es importante y, desde aquello que me aflige, Él me evangeliza: me transmite la fuerza de su Evangelio de tal manera, que me ofrece respuestas a las preguntas que tengo. Él nunca me ha dado respuestas a preguntas que nunca me he planteado.

Así, Dios, con su mirada, poco a poco va abriéndome un camino por el que voy experimentando sed de doctrina. Él no da pan si no hay hambre, pero con su mirada y con su compañía, va generando esa hambre, de tal manera que después terminamos pidiendo por nosotros mismos el pan que Él siempre había querido darnos.

Qué bien profetizó Ezequiel cuando puso en los labios de Dios estas palabras: "Les daré un corazón nuevo y les infundiré un espíritu nuevo; les arrancaré el corazón de piedra y les daré un corazón de carne. Infundiré mi espíritu en ustedes y haré que vivan según mis mandamientos, observando y cumpliendo mis leyes." (Ez. 36, 26-27). Dios también nos promete por medio del profeta Jeremías: "Pondré mi ley en su interior y la escribiré en su corazón." (Jer. 31, 33). Él habla a mi humanidad concreta, Él responde a mi historia concreta, a mi corazón concreto con sus aflicciones y deseos tan peculiares y únicos. Va limando ese corazón de piedra que yo tengo y que requiere un tratamiento personalizado. En un inicio, Él nos dejó sus leyes en tablas de piedra, pero cuando Él me mira a los ojos, lo que hace es tratar llevarme, desde donde yo estoy parada, a encontrar en esas leyes la respuesta a los interrogantes que me aquejan, a hacer mías esas leyes, a apropiármelas experimentando el potencial que tienen para darle sentido a mi vida; Él busca que yo experimente el deseo de serle fiel, de responder con la obediencia a aquellas leyes que, sin esa mirada, se quedarían inscritas en las frías tablas de Moisés. Volviendo al ejemplo del bebé que no quiere comer, Él no se conforma con que yo obedezca externamente una ley que rige mis acciones; quiere que esa ley penetre en mi corazón para que mi obediencia brote de un deseo de corresponder y no solamente de un miedo a ser castigada o de un mero sentido del deber.

Mirada que anhela ser mirada por mí.

Muchas veces me ha pasado que Jesús toma mis palabras y mis oraciones, y las invierte, pidiéndome escucharlas de sus labios. Hace algunos años, por poner un ejemplo, entré a una Iglesia en la que sabía que el Santísimo Sacramento estaría expuesto. La gente cantaba un canto que dice: "Señor, Tú eres la persona más importante en este lugar".

135

Mientras cantaba, recuerdo que Su voz en mi interior me pidió hacer silencio para escucharle a Él decirme a mí: "Karla, tú eres la persona más importante de este lugar." No precisamente porque yo fuera más importante que el resto de la gente que estaba ahí adorándole, sino porque para Él, yo era la persona más importante, porque para Él yo era en ese momento el centro de toda su atención. ¡Cómo le gusta a Cristo invertir los papeles! Aquella imagen del Dios que toma el papel de mendigo antes mencionada siempre me ha conmovido, pues en ella veo a un Dios que quiere ser mirado por mí, que tiene sed de mi mirada, que está tan enamorado de mí, que de hecho se desvive día tras día por atraer mi mirada y experimentar la alegría de ser correspondido.

Cuando entro en presencia de Dios, Él se emociona de ver mi disponibilidad para estar con Él y me permite escuchar cómo los latidos de su Corazón se aceleran, simplemente por verme postrada frente a Él. Incluso cuando me postro ante Él distraída y con otras mil cosas en la cabeza, Él sigue mirándome, como una madre ve a su hijito que juega sin darse cuenta de que está siendo contemplado. ¡Cuánto más se emociona mi Señor y mi Redentor cuando, postrada, fijo mi mirada en sus ojos, aprobando ese encuentro de miradas que Él tanto anhela! ¡Qué daría un hombre enamorado de una mujer por que ella le mirara a los ojos aunque fuera por algunos segundos! Y cuánto más no se podrá decir del hombre que más ha amado en la historia, por la mirada de su creatura predilecta: el ser humano: el ser humano que tiene un nombre y un apellido, que Él conoce como la palma de su mano, que está siempre protegido bajo su mirada tierna y siempre bondadosa.

Qué diferente es entrar en Su presencia con la consciencia de que es un tiempo sí, para yo estar con Él y dejarme moldear por sus manos de alfarero, pero también -y me atrevería a decir, sobre todo- para permitirle a Él estar conmigo y sentirse acompañado. Es Él quien se complace en mí cada vez que le devuelvo mi mirada, a pesar de que es Él quien me hace el favor de recibirme en su Presencia. Soy yo la que sale beneficiada de ese encuentro, pero es Él quien se emociona muchísimo más y quien parecería que tiene más interés, como si fuéramos nosotros quienes le estuviéramos haciendo el favor.

Mi oración ha cambiado tanto desde el momento en que Él me hizo consciente de esto: voy a la oración no como por un sentido de deber o de conveniencia personal: voy más bien sólo para encontrarme con Aquél que tiene sed de mí. Voy con una "santa arrogancia" de quien sabe que complacerá al amado con su presencia. Hace algunos años recuerdo que, en un bar con mis amigas, me llamó la atención una mujer que mostraba mucha más seguridad personal de la que sus cualidades físicas le podían otorgar. Sí, tengo que reconocer que mis amigas y yo, como buenas mujeres vanidosas, comenzamos a analizarla de pies a cabeza. Fea no era, pero tampoco era la diosa inalcanzable que evidentemente se sentía. Por el gentío, no pude ver en un primer momento quién era el hombre que la llevaba de la mano. Después, me di cuenta de que iba de la mano de un artista de fama mundial de la época. Entonces entendí de donde le venía esa seguridad que la llevaba a engreírse y a mirar al resto de la humanidad por el rabillo del ojo. Después de años, veo que aquella seguridad que otorga un hombrecillo más o menos atractivo, es polvo y nada comparada con la seguridad que otorga el que Dios mismo me haya escogido a mí, que se haya enamorado de mí, que quiera tomarme de la mano y mostrar al mundo que me ha elegido a mí, que me conoce y me ama como nadie jamás haya podido haberme amado. Ésta es la santa arrogancia de la que hablo.

En fin: me acerco a Cristo en la oración con la seguridad de una mujer que se sabe amada por el hombre más importante de la historia. Voy como una mujer va al encuentro del hombre que sabe que muere por ella y, literalmente, ¡Él muere por mí! Jesús, como cualquier enamorado, me dijo: "Muero por ti". La diferencia es que Él, efectivamente, murió por mí y cada día sigue muriendo por una mirada mía y por un momento de soledad a mi lado.

III. Ejercitar la mirada

Hemos recorrido un largo camino hasta el momento. Hablar del proceso psicológico de la mirada y su conexión con las emociones nos ha ayudado a comprender la profundidad de la mirada humana y el poder con que hemos sido dotados en esos dos pequeños órganos de nuestro cuerpo. En el segundo capítulo, contemplar la mirada de Cristo y dejarnos contemplar por ella nos ha capacitado para ir al encuentro del otro. Ahora entramos en la parte más práctica de este libro: ¿qué hacer con todo esto? ¿Cómo aplicarlo y como reconfigurar nuestra mirada para que las personas puedan notar la diferencia? ¿Qué hacer para que este libro no se quede como un compendio de teorías y conceptos hermosos que no conectan con nuestra realidad?

El experimentar el efecto demoledor de una mirada; el constatar cómo algunas miradas me han herido y otras me han sanado, el desear que mi mirada pueda transformar para bien la vida de las personas que me rodean y a quienes a veces lastimo sin darme cuenta; el percibir cada una de las cualidades de la mirada de Dios... todo esto necesariamente nos inyecta un nuevo ardor en el corazón que no nos deja quietos e indiferentes. La mirada de Dios nos quema por dentro hasta el punto que transforma nuestra misma mirada y nos capacita para el encuentro con los demás.

El Papa Francisco afirma en su exhortación apostólica Evangelii Gaudium que "cada vez que nos encontramos con un ser humano en el amor, quedamos capacitados para descubrir algo nuevo de Dios" (EG #272). Complementando esta afirmación, pienso que podemos afirmar lo mismo a la inversa: cada vez que nos encontramos con Dios en el amor, quedamos capacitados para descubrir algo nuevo en las personas que nos rodean. El encuentro con la mirada de Cristo me capacita para salir y encontrarme con los demás con una mayor atención y empatía. En su mirada encuentro mi centro desde el cual ya puedo relacionarme sanamente con las demás personas, sin generar apegos desordenados o relaciones conflictivas.

En este capítulo espero poder ofrecer principios y consejos que sean lo suficientemente prácticos para lograr un cambio de mirada. Como es de suponerse, son consejos que no se dan por arte de magia: será necesario ejercitarlos una y otra vez; vivir cada día más y más consciente de lo que hacemos con nuestros ojos e irlos entrenando para que puedan mantenerse, con la gracia de Dios, en la mirada responsiva sobrenatural.

Aconsejo que, antes de comenzar con la lectura de este capítulo, el lector piense en alguna persona concreta en su vida con quien quiera ejercitar la mirada. Estos consejos pueden ser útiles si se leen como un consejo a nivel general. Sin embargo, ayuda mucho tener alguien concreto en mente mientras se va leyendo cada punto: tal vez alguien a quien, por alguna razón, no nos sentimos capaces de mirar a los ojos sin sentir tal vez enojo, rencor o tristeza. Cabe aclarar que doy esta recomendación para un trabajo de interiorización personal y no para evaluar mejor los defectos de los demás; estas reflexiones se orientan a mi crecimiento y no tanto a mi capacidad de detectar con más claridad todos los errores que las personas cometen en nuestras relaciones. Espero que nadie se descubra a si mismo subrayando este libro para luego dárselo a otra persona con una amable notita diciendo: "Leí este libro y pensé que te podría ayudar, especialmente las partes que subrayé para ti." La primera regla será el leer para nosotros mismos, no para los demás: dejarme interpelar en mi realidad y en mi vulnerabilidad, más que usar estos argumentos para reafirmarnos en la certeza de que esta o aquella persona tiene mucho que cambiar. La lectura de este libro -y especialmente de este capítulo- está orientada a ser un regalo para el lector, de modo que le lleve a crecer como persona de manera que luego el lector pueda ser un regalo para los demás.

1. Ir de La Mirada a la mirada

"Él nos consuela en todas nuestras luchas, para poder nosotros consolar a los que están en toda tribulación, mediante el consuelo con que nosotros somos consolados por Dios. Porque si es cierto que los sufrimientos de Cristo rebosan sobre nosotros, también por Cristo rebosa nuestro consuelo." (2 Cor. 1, 3-5)

Recordemos, como vimos en el capítulo anterior, que nuestro punto de partida debe ser siempre La Mirada de Cristo. La película "A prueba de fuego", la cual considero una de mis favoritas, muestra el poder que la Mirada de Cristo puede llegar a tener en el proceso de sanación interior y en el proceso de reconciliación en relaciones conflictivas. Caleb, que es el personaje principal, lleva un matrimonio tormentoso con Catherine. Ambos, desesperados y al borde del divorcio, piensan que su matrimonio ya no tiene salvación. Caleb recibe un libro que contiene 40 retos para salvar un matrimonio y decide hacerlos para darle una última oportunidad a la relación. Al cabo de varias semanas, viendo que no logra mucho avance en el corazón de su esposa, tiene una conversación con su padre, la cual termina en un parque donde hay una cruz grande de madera. Allí, el padre le hace ver que esa impaciencia, crueldad, desinterés e indiferencia que Catherine muestra para con él, que en esas últimas semanas se ha desvivido por "amarla", es un reflejo incluso vago de la gran impaciencia, crueldad, desinterés e indiferencia que él ha tenido para con Dios. ¿Y cómo ha respondido Cristo? Su respuesta ha sido desorbitadamente compasiva, paciente y amorosa para con Caleb. Es en ese momento que Caleb experimenta el efecto demoledor, el golpe de gracia. A partir de ese momento, comienza a vivir los retos, no con un espíritu minimalista como quien quiere cumplir algo sólo para poder decir que lo cumplió. Su corazón se vuelve magnánimo, comprende que el amor no tiene medidas, que es realmente incondicional y que no espera nada, absolutamente nada a cambio: su única recompensa es el bien del ser amado.

Y es que, cuando experimentamos esa mirada, la mitad del trabajo está ya hecho. Amar al prójimo se vuelve una tarea menos ascética y más oblativa, brota la alegría en la entrega sacrificada. Pienso en las personas que no creen en Dios y realmente los admiro, pues me imagino lo difícil que será para ellos el poder ejercitar esta mirada a la que todo ser humano aspira, puesto que no cuentan con la experiencia de La Mirada de Dios como punto de referencia. La Mirada (con mayúsculas), una vez que toca el alma, se vuelve como un faro, una brújula, un nuevo parámetro que me muestra la talla del amor incondicional que estoy llamado a reflejar en mis ojos y en todo mi ser.

Pues bien, los que han experimentado esa Mirada, saben por experiencia cómo hay que mirar. En lugar de tener que idear nuevas formas de amar a través de sus ojos, podrán simplemente recordar y tratar de imitar esa mirada que alguna vez experimentaron. Aunque pasen los años, el recuerdo de esa mirada se convertirá en una certeza que no caduca, no perece. Sin embargo, los seres humanos somos tan cambiantes, tan frágiles y tan volubles, que necesitamos constantes experiencias que renueven las certezas que nacieron en experiencias pasadas. A veces no basta con mantener viva la memoria de La Mirada; será necesario generar espacios en el alma y en la vida práctica para que Dios pueda otorgarnos una nueva experiencia de su Mirada. A continuación, reflexionaremos en los medios concretos que puedan ayudarnos a generar dichos espacios.

Recordar siempre que yo soy pecador.

Recuerdo que en la preparación para mi primera comunión, un tío sacerdote me regaló un librito de las parábolas de Jesús explicadas para niños. Me atrevo a decir que, cuando leí de ese librito la explicación que daba a la parábola del perdón, recibí un golpe de gracia muy fuerte.

Cuenta la parábola la historia de un rey que perdona a uno de sus siervos una deuda inmensa, mientras que éste, después de haber sido perdonado va y castiga con encarcelamiento a uno de sus compañeros por no haberle pagado una deuda ridícula en proporción (Mt. 18, 21-35). Yo tendría si acaso 8 años de edad cuando leí esta parábola por primera vez. Creo que nunca había abierto la Biblia por mi propia cuenta y fue la primera vez que me sentí tocada por una gracia transformante. No recuerdo si fue concretamente una mirada de Cristo o si fue más bien una reflexión orante en la que me pareció tan obvio, tan sensato el llamado a perdonar a quien me ofendiese, independientemente de lo grande que haya sido la ofensa. ¡Nunca llegaría a ser tan grande como la ofensa que yo le he infringido a Dios que me perdonó tan gratuita y amorosamente! Recuerdo de niña haberme quedado largos ratos frente a un crucifijo que estaba en el descanso de las escaleras de mi casa, pensando cuánto Jesús me había perdonado y había sufrido por mis pecados. Cuando llegó la adolescencia digamos que aquel fervor de niña quedó latente, pero la necesidad de aprender a perdonar se había convertido ya en una convicción humana muy fuerte y, gracias a Dios, nunca he tenido dificultades para perdonar a quien me ofende.

Y es que cuando Dios nos da la gracia de tener consciencia de nuestro pecado, el perdonar y comprender a los que nos ofenden se vuelve casi una reacción natural. Si yo he sido mirada con tantísimo amor, ¿no podré dar a los demás aunque sea una pisca de esa sobreabundancia que ni siquiera cabe en mi corazón?

Y es que no puedo mirar con amor a una persona a quien juzgo con dureza en mi interior. Mis juicios interiores generan en mí una barrera que no le permite a Cristo mirarme con el mismo amor con el que yo quisiera mirar a esas personas a quienes estoy juzgando. Cristo mismo lo dijo en el Evangelio: "con la medida con la que midas serás medido", y Cristo sabía que la psicología humana necesita vivir en esa coherencia de quien está dispuesto a dar a otros lo que se espera recibir de Dios, y de quien sabe que debe aprender a juzgar con la misma misericordia con la que ha sido juzgado.

Es por ello que considero que la consciencia de ser imperfectos y de nuestra propia limitación es un medio que prepara el terreno en el propio corazón para que Cristo pueda regalarnos una nueva experiencia de su mirada, al mismo tiempo que nos capacita para ver a los otros con la misma paciencia y comprensión con la que esperaríamos ser mirados por Dios y por los demás.

De la indignación a la compasión.

Recuerdo una vez que tuve una discusión con una gran amiga, no recuerdo acerca de qué. La discusión terminó en pelea y pocos días después me fui a la playa a tomar algunos días de descanso. Salí a caminar y a desahogar el corazón de tanta turbulencia interior. Se me habían juntado varias cosas en aquel momento de mi vida. Me sentía realmente muy enojada y al borde de la explosión emocional. Le preguntaba a Dios por qué me costaba tanto trabajo amar a los demás y le pedía que me diera paciencia para poder salir de la indignación ante reacciones ajenas que a veces me parecían tan inmaduras e incluso anti-cristianas. En ese momento, Dios trajo a mi mente recuerdos de las últimas visitas a los habitantes de la calle. En aquel entonces era cuando me iba cada quince días a media noche a dar de comer a los pobres de la calle. Nos íbamos a las zonas más peligrosas y, como ellos ya sabían que íbamos para ayudarles y simplemente estar con ellos, nos protegían y bajaban las armas (lo digo en sentido moral pero también en sentido literal). ¿Por qué no me daba miedo estar entre hombres mafiosos y criminales, entre prostitutas que vaya que han tenido que aprender a defenderse y a atacar, entre drogadictos que no tienen moral y que serían capaces de cualquier cosa con tal de poder fumarse un "bazuco" o un churro de mariguana? Estas personas actuaban en formas mucho más anti cristianas e inmaduras que las personas con las que lidiaba a diario y, sin embargo, yo mostraba mucha menos tolerancia para con ellas. Cristo ahí, en medio de mi caminata por la playa, me cuestionó con su mirada. Me preguntó por qué no era yo capaz de ver a esas personas con la misma compasión con la que veía a esos pobres desamparados, desechos de la sociedad que me parecía tan fácil justificar de sus acciones muchas veces tan abominables.

Y veo que eso nos pasa con bastante frecuencia a los cristianos: nos es muy fácil ver con compasión al pobre que no vive con nosotros; al enfermo que convalece en el hospital, al anciano que ha sido abandonado por su familia en un asilo, al niño que no tiene que comer, incluso al criminal que está encerrado en una cárcel de por vida. Pero cuando se trata de mirar con compasión a mi esposo, a mi hijo o hija adolescente, a mi hermano que se pelea por una herencia, a mi colega que me hizo fraude o a mi amiga que se escapó con mi esposo, ¡qué difícil es responder con un corazón compasivo! En ese momento se nos olvida que el pecado es un tumor y el pecador un enfermo y lo olvidamos simplemente porque ese tumor y ese enfermo me afectan a mí, me golpean y me hieren a mí. Es duro decirlo pero, a decir verdad, vemos al pobre con compasión porque, al final del día, su pobreza no me afecta en nada: la soledad del anciano me causa compasión porque no atenta contra mí y, por lo tanto, me ofrece una oportunidad idónea de poder alzarme el cuello con la satisfacción de que estoy amando a los pobres y abandonados. De hecho, pasa con mucha frecuencia que amamos a estas personas siempre y cuando ese amor se limite a una visita de dos horas a la semana, pero que no me empiece a pedir más de mi tiempo o de mi persona porque entonces tal vez comenzarían a salir muy buenas justificaciones para evadirnos y escabullirnos.

¿Qué pasaría si, en las faltas de las personas con las que vivo, viera yo una ocasión para amar más, en lugar de un fardo con el que me están fastidiando? ¿Qué pasaría si fuera capaz de ver la raíz de esas actitudes negativas que me hacen enojar tanto, y si lograra entrar en el santuario de las consciencias ajenas para descubrir que la otra persona que me hace sufrir con sus defectos, es la que más sufre, en primera persona, sus propios defectos y faltas? ¿Qué pasaría si, en lugar de verla con ojos de juicio severo, la viera con ojos de profunda compasión y enternecimiento ante tanta debilidad humana? Pero por alguna razón los hombres a veces nos empeñamos en dejarle ver a la otra persona lo molesto que nos resultó éste o aquel comentario; éste o esta actitud, y no descansamos hasta que nos hayamos asegurado de que se dio cuenta del grado de molestia que generó en nuestro interior. Volviendo a la analogía del hombre que, ahogándose en el mar empuja a otro hacia el fondo para poder respirar, vemos que la interpretación que le demos a lo que vemos y la intención que le atribuyamos a las personas que nos agreden transforman nuestra capacidad de respuesta y definen qué tanto seremos parte del problema o nos volveremos parte de la solución. Todos nuestros agresores son, en realidad, personas que, a gritos, están pidiendo auxilio: a gritos que se manifiestan en forma de faltas al respeto, injusticias, rivalidades, altanerías, cizañas o humillaciones. ¿Seremos capaces de dejar a un lado nuestro orgullo herido para ver más allá?

Del adoctrinar al acompañar.

Muchos cristianos cometemos un grave error al querer ayudar a otros que vemos que están alejados de Dios. Con la mejor de las intenciones, muchas veces no hacemos más que alejarlos más de la cuenta y estorbarles en el camino que les habría llevado al encuentro con Cristo.

Recordemos en este apartado esa mirada de Cristo que nos evangeliza y nos pide hacer lo mismo con las personas que nos rodean. Recordemos que evangelizar a otras personas no consiste en convertir sus corazones ni en lograr que actúen como nosotros creemos que es conveniente que actúen. ¿Por qué a veces nos frustramos tanto ante los comportamientos ajenos? Y caemos en sermoneos, reproches en los que mostramos que todas las leyes de ética, moral y religión están a nuestro favor. Buscamos a toda costa que la persona se dé cuenta de sus faltas y cambie. ¡Como si fuera tan fácil cambiar! Pensemos, por un momento, en nuestro defecto más grande. Basta pensar en uno sólo: aquél que más esté causando problemas en nuestra vida. ¿Cuántas veces no nos hemos propuesto cambiarlo, erradicarlo de nuestra vida? ¿Cuántas veces posiblemente lo hemos llevado al sacramento de la confesión y hemos pedido a Dios la gracia de que desaparezca de nuestra vida? ¿Cuántas veces nos hemos avergonzado al ver que otros se han dado cuenta de ese defecto y han sentido el peso de sus efectos en sus vidas? ¡Todos experimentamos en nuestra propia carne lo difícil que es cambiar nuestros hábitos de pecado y esas actitudes egoístas que han moldeado nuestra vida desde que tenemos uso de razón! Y sin embargo seguimos con la insensatez de querer cambiar al otro, cuando no podemos ni siquiera cambiarnos a nosotros mismos. Éste es el grave error del que hablo cuando buscamos con la mejor de las intenciones ayudar al otro.

Y a fin de cuentas, tal vez esa frustración nace de un simple erróneo punto de partida, como cuando uno comienza a abotonarse una camisa y, al llegar al último botón, se da cuenta de que no hay ojal disponible, se mira en el espejo y se da cuenta de que hay que desabotonar todo y comenzar de nuevo. Las frustraciones en las relaciones humanas muchas veces nacen de un simple malentendido. Nos hemos echado encima una responsabilidad o una misión que no nos corresponde respecto a la otra persona: buscamos su conversión y, mientras no veamos que la persona está dando pasos hacia adelante, sentiremos que estamos fracasando en lo que se espera de nosotros.

Cuenta una historia que había un viejito que vivía solo en una cabaña perdida entre las montañas. No tenía ya familiares ni nadie que se preocupara por él. Estaba cansado de la vida y sentía que no tenía ya ningún sentido seguir existiendo. Levantándose de la cama con muchos trabajos, se arrodilló para pedirle a Dios que le quitara la vida. Sorprendido, tuvo una iluminación y, ahí, en medio de la cabaña, Dios mismo se le apareció en persona.

– He escuchado tu oración y tengo una misión para ti- le dijo Dios.

- ¿Una misión para mí? Pero Señor, ves qué viejo estoy. ¿Qué misión podrá acomodarse a lo que yo pueda ofrecerte en mi debilidad? – contestó el anciano.

– ¿Ves aquella montaña?-

El viejito, asomándose por la ventana, vio una montaña inmensa. Dios continuó:

– Te voy a pedir que subas esa montaña. Al llegar a la cima encontrarás una roca muy grande. Lo que quiero pedirte es que la empujes con todas tus fuerzas. No temas, recuerda que te amo y que jamás te pediría algo que excediera tus capacidades.

El viejito, después de esa última aclaración, aceptó el reto, contento de ver que Dios aún confiaba en él a pesar de su debilidad. Comenzó a fortalecer sus músculos y preparó su viaje a la cima: empacó botellas de agua y algo de alimento para el camino. Al inicio, sus músculos parecía que permanecerían entumecidos. ¡Había pasado tanto tiempo recostado en la cama dejando pasar el tiempo! Pero conforme avanzaba en su travesía, los músculos comenzaron a recobrar sus fuerzas mientras el viejito avanzaba con la certeza: "No temas, recuerda que te amo y que jamás te pediría algo que excediera tus capacidades."

Cuando llegó a la cima se sorprendió muchísimo al ver aquella roca que más bien parecía un enorme meteorito incrustado en la tierra. "¡¿Cómo voy a mover esa roca?! ¡Será imposible!" Pero nuevamente, la voz de Dios resonó en su interior: "jamás te pediría algo que excediera tus capacidades". Entonces comenzó a empujar la piedra con todas sus fuerzas. En cada esfuerzo soltaba gemidos de desesperación, pero no perdía la esperanza. Al ver su absoluta impotencia, volteó alrededor. Tal vez estaba empujando la piedra equivocada. Pero no había lugar a dudas:

en aquella cima no había otra roca más que esa inmensa que no mostraba el menor indicio de moverse tan siquiera medio milímetro.

Todo el día lo pasó empujando y empujando sin lograr absolutamente nada. Como ya caía la tarde y necesitaba emprender el camino de regreso antes de que se apagara la luz del día, cayó desesperado en la tierra y, enojado, gritó a Dios preguntándole por qué le hacía esto: - ¡Ahora veo que sólo querías burlarte de mí! Sabías que yo jamás habría podido mover esa piedra y, sin embargo, me mandaste caminar solo para venir a perder mi tiempo. ¡Ahora quédate con tu piedra y no vuelvas a contar conmigo para nada! En ese instante, Dios se apareció nuevamente en su presencia. El anciano levantó la mirada. No sabía qué pensar, pues veía en la mirada de Dios una bondad que no podía describir, pero al mismo tiempo se sentía traicionado y burlado. Dios se inclinó hacia él y le preguntó:

- ¿Por qué has desesperado, pequeño amigo? ¿No has cumplido acaso con tu cometido?

– Tú sabes que la piedra no se ha movido ni un milímetro, no trates ahora de engañarme con que logré moverla. – Contestó el anciano impaciente por querer entender lo que pasaba.

– Pero querido amigo, yo en ningún momento te pedí mover la piedra. Lo único que te pedí fue empujarla con todas tus fuerzas. ¿No has cumplido acaso con tu cometido? ¿No has realizado la misión que te encomendé? Ahora me toca a mí moverla y la moveré sólo porque tú empujaste con absolutamente todas tus fuerzas. Todo este tiempo te vi y me conmoví de ver tu lucha y tu entrega.

Bastó una mirada de Dios que apenas rozó la superficie de la piedra para que ésta, en un movimiento de tierra imponente, comenzara a rodar cuesta abajo generando un estruendo que hizo eco en todo el bosque y sus alrededores.

Este cuento se puede usar como analogía para muchas realidades espirituales y humanas. Pero centrémonos en lo que nos puede aportar en el tema en cuestión. ¿Qué es lo que espero de las relaciones que manejo con la gente que me rodea? ¿Qué he estado buscando en esa relación que tanto me pesa y me hace sentir esa sensación de fracaso? Si soy una persona casada, ¿a qué me comprometí cuando uní lazos con mi pareja? ¿Acaso me comprometí a que él o ella cambiara? ¿no me comprometí, más bien, a amarle en las buenas y en las malas, en la salud y en la enfermedad? ¿Por qué me empeño en mover una piedra que excede todas mis capacidades y que, a fin de cuentas, nadie me está pidiendo mover? Dios no me pide convertir a nadie, ni cambiar el corazón de nadie. Si yo estoy exigiendo eso de mí mismo, estoy siendo cruel y poco realista conmigo mismo porque esa es una tarea que no me corresponde y de la que sólo Dios puede dar cuentas.

Lo único que yo puedo hacer es simplemente acompañar a la persona en su caminar hacia la perfección a la que ella misma debe aspirar. En mi mirada, mi pareja deberá sentirse acompañada y deberá encontrar la certeza de que no está solo o sola. Yo no puedo exigirle perfección. Si lo hago, seguramente es más bien movida por intenciones egoístas, porque sus miserias sacan lo peor de mí y, como no me gusta constatar lo vergonzosas que pueden llegar a ser mis reacciones; como no me gusta reconocerlas ni tengo el valor de cambiarme a mí mismo, entonces opto por exigir el cambio en el otro culpándole de los problemas en la relación.

No puedo exigirle a nadie un cambio a la perfección. Ni siquiera el más mínimo cambio de nada. Tampoco puedo realizar el más mínimo cambio en su corazón. Sólo puedo amarle, así como es, con todas las fuerzas que tenga, sean pocas o muchas; respetarle en sus decisiones, consciente de que es una persona adulta y dueña de sus propias acciones. A eso sí que me comprometí y de eso sí soy capaz. Dios se encargará del resto. Él, lo único que espera de mí, es que yo ame desde mi pobreza, dando lo mejor de mi persona. Los resultados no los necesito porque, si lo que quiero es amar a la persona y nada más que amarle; si realmente quiero cumplir lo que prometí el día en que decidí libremente dejar que esta o aquella persona entrara en mi vida, entonces no me preocuparé por obtener resultados en su transformación.

Claro está que si lo que estoy buscando es complacerme a mí mismo en esa persona; si lo que me interesa no es amarla sino amarme a mí mismo en esa persona asegurando que siempre se comporte de tal manera que me genere el alivio de sentirme amado, consentido, preferido y considerado, entonces es totalmente comprensible que venga la frustración, el enojo, la amargura y la sensación de fracaso. Cabe mencionar que todos estos sentimientos que emergen, lejos de ayudarme a cambiar mis propios defectos, me generarán una pesadumbre que hará mi propio proceso más pesado. Y entonces ni cambio al otro ni me cambio a mí mismo. ¡Vaya fiasco en el que nos metemos cuando perdemos de vista el verdadero objetivo en nuestras relaciones!

2. Poner en juego mi propia vulnerabilidad

Vamos comprendiendo poco a poco que, en todas las relaciones humanas, hay una gran parte de mí que está herida y que tal vez me ha auto-saboteado mis más nobles deseos de amar y sentirme incondicionalmente amado. Todos cargamos con un corazón herido que nos hace vulnerables y a nadie le gusta sentirse vulnerable. Siempre será penoso llorar en público; siempre trataremos, casi instintivamente, de tapar y maquillar nuestros defectos pues pensamos que, si las personas llegaran a conocer esas partes de nuestra persona, entonces no nos amarían. Esto nos sucede especialmente cuando no hemos tenido la experiencia de la mirada que nos salva de esa mentira de que necesitamos ganarnos el amor de los demás. No volveremos sobre ello. Sin embargo, sí conviene detenernos a reflexionar en esa vulnerabilidad que a todos nos aqueja y nos incomoda.

Nuestro querido Papa Francisco nos ha invitado en repetidas ocasiones (especialmente en la exhortación apostólica Evangelii Gaudium que ya he mencionado anteriormente), a no tener miedo de la fuerza revolucionaria de la ternura. Por otro lado, una vez escuché del gran coach de vida Anthony Robbins que los hombres deberíamos de reconocer y usar a nuestro favor el poder de nuestra vulnerabilidad. Contaba la historia de Arthur Bremer, quien estuvo planeando por más de cinco años cómo asesinar al presidente americano Richard Nixon. Cuando finalmente llegó el momento tan esperado por él, viendo que Nixon se acercaba entre la multitud, cegado por la adrenalina de lo que estaba a punto de realizar, sintió repentinamente un empujón. Volteó enojado, justo antes de sacar la pistola y se dio cuenta de que era una viejita que lo había empujado después de haber recibido un empujón ella misma por la multitud. Hubo un cruce de miradas y la señora, con ternura lo tomó del brazo y le dijo: "Discúlpeme, ¿está usted bien?" En sus ojos hubo tal conexión y tanto amor y ternura, que Bremer decidió abortar el plan. ¿Cómo iba a obligar a esa viejita tan tierna y dulce a presenciar algo tan atroz? Ése es el poder de nuestra vulnerabilidad que es capaz de frenar incluso a un asesino.

Y es que la vulnerabilidad, lejos de ser un signo de debilidad, es más bien un arma muy poderosa y es una realidad ineludible en nuestra esencia como personas. Todos somos vulnerables; todos tenemos "cola que nos pisen", todos llevamos en la historia de nuestras vidas muchas cobardías y tropiezos, debilidades, miedos y tristezas. Cuando hablo del poder de la vulnerabilidad, no me refiero a un don que sólo algunos poseen, sino más bien a la gallardía de saber utilizar la vulnerabilidad a nuestro favor. Ser débil y vulnerable o, mejor dicho: mostrar mi debilidad y mi vulnerabilidad, implica mucho coraje, como veremos a continuación.

La valentía del humilde

Poco a poco vamos intuyendo que amar a los más cercanos es todo un reto y me exige dar lo mejor de mí misma. Amar exige mucha valentía y también mucha humildad. Amar no es ese sentimiento rosado que deja mariposistas en el estómago; tampoco es la certeza de que nunca seremos defraudados o de que la persona que he encontrado sabrá hacerme feliz hasta el final de mi vida. Amar es una decisión que exige mucha valentía, y la valentía es la cualidad más característica de las personas humildes. ¿Por qué afirmo esto? ¿No es acaso contradictorio decir que los humildes son los más valientes? Cuando pensamos en una persona humilde, normalmente la imaginamos más bien tímida, acobardada, retraída. Y entonces, ¿de dónde esta afirmación?

Pues bien, Santa Teresa de Avila afirmó que la humildad es la verdad. Vivir en la verdad, sabemos que no es siempre fácil. Es fácil cuando se trata de esa parte de la verdad que nos gusta: nuestros talentos, lo bien que hicimos esto o aquello, los dones que nos hacen únicos y especiales, el amor que recibimos a diario, etc. Pero cuando se trata de reconocer esas otras partes de mi persona que no me gustan, entonces se vuelve difícil vivir en la verdad y mantenerme en ella. No es fácil reconocer mis miserias. Cristo quiso fundar el sacramento de la reconciliación porque sabía que el simple hecho de encararme con alguien más, ponerle palabras a mis pensamientos malévolos y a mis acciones mal intencionadas; el sólo hecho de expresarlas en voz alta y cara a cara, resultaría siendo no sólo un beneficio enorme viéndolo desde el punto de vista meramente humano y psicológico, sino también una fuente de gracias inmensas y de una enorme paz y liberación interior. El sacramento de la penitencia tiene el potencial para sanar las heridas que llevamos cargando en nuestra psique. ¡Y vaya que exige tener los pantalones bien puestos! Pues, por muy santo que sea el cura -lo cual nunca está garantizado que sea tan siquiera bueno-, y por mucho que tengamos garantizado que nos acogerá con misericordia y bondad, exponer nuestra parte más vulnerable genera la sensación de estar saltando al vacío y de estar perdiéndonos a nosotros mismos. Ir al sacramento de la confesión buscando ser cruelmente sinceros con nosotros mismos exige hacer justo lo contrario de lo que nos pide nuestro orgullo y la falsa certeza de que debo merecerme el amor de Dios y de los demás.

Por otro lado, también existe otra razón por la que afirmo que la valentía es la cualidad más característica de las personas humildes. Pensemos, por ejemplo, en un joven que está lleno de arrogancia y que quiere que todos tengan la mejor imagen de él. No está dispuesto a vivir en la verdad, pues no reconoce en absoluto sus faltas y tampoco quiere reconocer que no puede ser perfecto en todo lo que hace. En el colegio, el profesor pide algún voluntario para pasar al frente y explicar el tema visto. El que es realmente soberbio será el último en ofrecerse, simplemente porque no está dispuesto a tomar el riesgo de cometer el más mínimo error frente a un público. Prefiere hacerse pasar por tímido y discreto para después fanfarronear que, aunque habría podido dar una explicación detallada, no se ofreció porque le parecía un acto soberbio pasar y pretender dar lecciones a los demás. Así, de paso, también dejaría en los demás la imagen de ser humilde y modesto. Ahora bien, habrá soberbios moderados que levantarán la mano para pasar al frente y lucirse un rato. Sin embargo, éstos al menos tienen el sentido del humor de saber reírse de sus faltas y de estar dispuestos a afrontar el reto y la realidad de que puede ser que se equivoquen.

Por el otro lado, pensemos en un joven humilde, verdaderamente humilde. El profesor pide voluntarios. El humilde, si sabe que puede hacerlo, no temerá levantar la mano, pensando que el haber comprendido bien la lección es un don que tiene que poner al servicio de los demás, independientemente de que eso le ponga nervioso, de que vaya a cometer errores o de que haya otros que lo puedan hacer mejor que él. Su persona no importa, porque lo que le importa es servir a los demás. Levantará la mano con valentía, haciendo a un lado la adrenalina que sintió también el soberbio. Estará dispuesto a compartir lo que sabe, y también se mantendrá abierto a ser corregido, si fuera el caso. Si piensa que no entendió nada de la lección y que no será capaz de dar una buena explicación, entonces el humilde seguramente no levantará la mano, pero sí se mantendrá abierto a compartir sus pobres conocimientos en caso de ser elegido por el profesor y también estará atento a la explicación que otros puedan dar, consciente de lo mucho que puede y quiere aprender de sus compañeros.

¡Cuánto necesitamos crecer en humildad para alcanzar esta valentía! Y cuando hablamos de la mirada, esta valentía se vuelve crucial pues, no es fácil dejarme ver por Dios, que lo ve todo; tampoco es fácil dejarme mirar por los demás cuando lo que ven son mis faltas y contradicciones; mucho menos es fácil el mirar a los demás con el mismo amor con el que Dios me ve a mí. Pero vaya que es una aventura por la que vale la pena arriesgarlo todo. No es fácil generar con otra persona un encuentro en el que ambos tengamos que compartir nuestras búsquedas. A veces preferiríamos quedarnos en el papel de *acompañante* y nos cuesta bajarnos al nivel de *ser acompañado* también. No es fácil, pero cuánto edifica a los demás el que me vean en una actitud vital de aprendiz, como de alguien que se sabe vulnerable, limitado y que se muestra como tal, que no tiene miedo de pedir perdón cuando comete errores y que sabe pedir consejo. ¡Cuánto vale la pena mostrarnos tal como somos!

La potencia desbordante de las lágrimas

Siendo entonces la valentía la cualidad más característica de los humildes, deducimos también que llorar es de valientes. Las lágrimas son un claro signo de un corazón humillado y sensible. Son signo innegable de nuestra vulnerabilidad. Son, de hecho, la expresión más elocuente de la vulnerabilidad humana. El Papa nos invita a no tener miedo a llorar. Por muy paradójico que suene, pienso que es una invitación muy sabia y muy acertada. En el discurso que dio a los jóvenes en Filipinas el 18 de enero del 2015, llegó a afirmar incluso que Cristo entendió nuestros dramas solamente hasta que fue capaz de llorar; afirmó que los hombres no sabemos llorar y que, si no aprendemos a llorar, no seremos buenos cristianos. Apuesto que muchos terroristas o revolucionarios armados, son capaces de matar, violar o robar, pero no son capaces de llorar, mucho menos si se trata de llorar ante el sufrimiento ajeno o ante el reconocimiento de las propias miserias. Parecería que son muy valientes pero en realidad confunden la valentía con la violencia. La valentía se expresa haciendo el bien sin cobardías, mientras que la violencia impone el propio querer a costa del bien ajeno; la violencia es la cualidad más característica de las personas inseguras, miedosas y soberbias. El hombre valiente tiene su seguridad puesta en la verdad y por eso no desfallece y es atrevido en la vida; no necesita ejercer ningún tipo de violencia porque confía plenamente en el poder que la verdad tiene de caer por su propio peso. El violento tiene su seguridad puesta en una mentira que, como no se puede sostener a sí misma por la vaciedad e incoherencia de sus argumentos, necesita de la violencia para conseguir su cometido.

Y es curioso que el asesino o el pandillero que hacen desastres por la ciudad no tengan los pantalones para llorar. ¿Por qué sucede esto? Porque las lágrimas los acorralan en una encrucijada. Éste es el argumento que se esconde en la psiquis de esos valentones: "las lágrimas delatan que tengo un corazón vivo, que siente y es capaz de sufrir; pero si tengo un corazón, entonces ¿cómo puedo cometer esas atrocidades? Y como no estoy dispuesto a dejar de cometerlas ni a cambiar mi estilo de vida; como prefiero hacer llorar a otros que tener que seguir llorando por el dolor que llevo dentro, es mejor que pretenda que no tengo corazón."

Es paradójico pero las lágrimas, que son signo de vulnerabilidad, exigen mucha valentía pues dejan los sentimientos del corazón al descubierto, exponiéndolos a ser subestimados o pisoteados por los demás. Ponen a la persona en una situación riesgosa pues, muchas veces, las otras personas no saben cómo reaccionar ante nuestras lágrimas y pueden lastimarnos fácilmente. Sin embargo, si son acogidas con empatía, pueden purificar no solamente los ojos del que llora, sino también el corazón del que acoge las lágrimas. Las lágrimas terminan siendo algo así como una especie de drenaje que limpia el cable imaginario que va desde el corazón del que sufre (el agente activo) hasta el corazón del que acoge (agente receptivo). Es como si se estableciera un circuito entre las dos personas, interceptado por un filtro que purifica todo lo que hay dentro. El agente activo llora y transfiere sus emociones al agente receptivo; éste las recibe, se deja conmover y, con sus lágrimas, activa la transfusión de manera que entre los dos se da una purificación interior por la que ambos terminan beneficiados. Las lágrimas de empatía con el que sufre dan todas las respuestas que ambos corazones necesitaban.

Así me ha pasado muchas veces, aunque recuerdo una ocasión en especial. Fui a visitar a una señora, una gran amiga que acababa de perder a su madre por un cáncer terrible que la llevó a la muerte con muchos sufrimientos. Mi amiga me abrazó al verme y me empezó a gritar diciéndome que no entendía nada, que estaba muy enojada con Dios, que estaba cansada de que la gente le dijera que tuviera fe, que no le interesaba nada que tuviera que ver con Él ni con la religión. Me contó cómo vio a su madre sufrir hasta el último minuto; me compartió la impotencia que sintió de no poder hacer nada por la persona a la que más amaba en este mundo. Yo, mientras la escuchaba, me conmoví mucho y comencé a llorar con ella. No fui capaz de decirle una sola palabra. Sólo la miraba sintiendo en mi corazón su dolor y su enojo. Cuando terminó de hablar solamente pude abrazarla, y seguimos llorando juntas. ¡Se dio una conexión tan bonita y tan consoladora para las dos! Supe en ese momento que ya no eran necesarias las palabras, y ella también lo supo. Me agradeció el haberla escuchado y me agradeció haber llorado con ella. Nos despedimos en ese momento sin decir más palabras, pero a los pocos días me llamó diciéndome que en mis lágrimas había encontrado todas las respuestas que su corazón necesitaba. Me dijo que ya no se sentía peleada con Dios. De hecho, había estado yendo al Santísimo y en Su presencia había estado encontrando mucho consuelo. Si esto fue lo que ella recibió de esas lágrimas, no puedo describir todo lo que yo también recibí de ese momento, de ese encuentro de miradas que llegó a su clímax con ese "encuentro de lágrimas". Entendí que las personas no necesitan tanto de una persona sabia, como de un compañero de camino. Entendí que la verdadera sabiduría reside simplemente en saber acompañar al que sufre, respetando sus silencios, sus enojos, sus reproches y sus necedades. Entendí que la mirada llega a su clímax en las lágrimas compartidas y que en ese clímax se da el efecto demoledor en su máxima capacidad que tiene la misma potencia espiritual que la potencia física de una bomba atómica. ¡Y cuántas otras respuestas recibí para entender algunas circunstancias difíciles por las que yo también estaba pasando!

En definitiva, necesitamos urgentemente aprender a llorar y erradicar el miedo a que otros nos vean llorar. Necesitamos aprender a quitarnos las máscaras y a compartir más desde el corazón con las personas que nos rodean. No digo con esto que tengamos que ser capaces de ir ventilando todos nuestros estados emocionales con cualquiera que se nos ponga en frente. Por eso el Papa dice que tenemos que aprender a llorar: no sólo en el sentido de que tengamos que dejar que salgan las lágrimas, sino también en el sentido de que aprendamos a expresar las propias emociones en las formas y momentos prudentes y con las personas adecuadas. Es evidente que vivimos en un mundo que sufre de analfabetismo emocional porque son pocos los que saben lidiar con sus propias emociones; si no sabemos lidiar con nuestras propias emociones, cuánto menos sabremos lidiar con las emociones de los demás. Necesitamos aprender a conectar con esas lágrimas que otros confían en nuestra mirada. Sólo así descubriremos la potencia desbordante que tienen las lágrimas.

El poder de la confianza

Una manera vital de poner en juego la propia vulnerabilidad es ejercitando la confianza en Dios y en las demás personas. Decía Santa Laura Montoya que la confianza es la carnada con la que se consiguen los favores de Dios. Ésta es, de hecho, una de mis frases favoritas, no tanto por la belleza lingüística sino por la veracidad que contiene.

Recuerdo el caso de una de las adolescentes con las que tuve la dicha de trabajar en Bogotá. Le llamaban Marcela. Cuando llegué a esta ciudad, me encomendaron la fundación de clubes juveniles que abarcaran al mayor número de adolescentes de la ciudad. Ideamos un programa al que nombramos "Agentes de Cambio", y consistía en proyectos de dos o tres meses en los que los jóvenes recibirían formación respecto a un tema en concreto, y luego podrían ellos mismos desarrollar algún proyecto apostólico relacionado con el mismo tema y que tuviera envergadura social. Queríamos "hacer ruido en las calles", como tanto invita el Papa Francisco (invitación por la que se hizo acreedor de muchas críticas de quienes no supieron interpretar correctamente lo que quería decir). Elegí a un grupo de cinco jóvenes de 14 y 15 años, entre ellas estaba Marcela. Les expliqué el proyecto, se entusiasmaron y comenzamos a trabajar. Teniendo nada más que ideas en la cabeza, fue muy difícil arrancar. A las primeras reuniones habrán asistido unas 10 niñas adolescentes pero, conforme pasaban las semanas, el número se iba reduciendo. Me sorprendió que a la reunión que parecía que atraería más jóvenes vinieran tan sólo tres niñas y eran tres de las líderes. Ni siquiera una sola invitada. Cuando indagué un poco en las niñas que habían mostrado interés, me dijeron que Marcela, la supuesta organizadora, las había desanimado. Les había dicho que no fueran pues sólo perderían el tiempo yendo a una reunión aburrida y sin sentido. ¡No lo podía creer! Marce era una de las líderes que debía estar animando y no desanimando a los pocos prospectos que teníamos. Me decidí a ir a hablar con ella para pedirle que se retirara del grupo. Pensé que era muy incoherente de su parte estar como cabeza de un proyecto que ella misma estaba arruinando con su actitud tan negativa. Al llegar a nuestra cita, decidí primero preguntarle cómo estaba y al menos escucharla. Quise darle el premio de consolación en mi escucha antes de decirle que quedaba fuera del grupo. Al escucharla y ver en sus ojos la nostalgia con la que me hablaba de su sueño de formar algo grande, algo que realmente cambiara el mundo, que alcanzara a todos los jóvenes de la ciudad y que pudiera realmente dejar la huella en la sociedad en la que vivía, entendí por qué se empeñaba en boicotear mi grupito de 5 niñas. Todo me lo expresó con lágrimas en los ojos. ¡Al fin podía dejar salir de su corazón la verdad! Reconoció su incoherencia, su falta de adhesión y su deslealtad, pero reconoció también que tal vez le había movido a obrar así la frustración que le causaba el contraste entre el deseo tan grande que tenía en el corazón y los resultados nimios que veía en las reuniones semanales. Finalmente se sintió entendida en mi mirada y descubrió que ese deseo frustrado la tenía atrapada en una apatía que la alejaba cada vez más de lo que estaba llamada a ser. Entendí que le aturdía estar dedicando tanto empeño a algo tan pequeño que ni siquiera alcanzaba a rozar los talones del sueño tan grande que retumbaba en su corazón.

Mientras la escuchaba, el Espíritu Santo (pienso que era Él) me invitó a tomar un riesgo y a lanzar una moneda al aire con la que obtendría el éxito total o la ruina humillante del proyecto que traíamos entre manos: lejos de pedirle que se retirara, acepté la invitación del Espíritu Santo, y le propuse ser ella la cabeza de Agentes de Cambio. Le delegué en ese momento lo que hasta ese momento había sido mi responsabilidad. Le daría la batuta y confiaría en que ella tendría que hacerlo mucho mejor que yo. Me implicó humildad, como es de suponerse, pues hacer eso era como afirmar que la fracasada era yo. Pero como la humildad es la verdad, vi muy conveniente invertir los roles: cederle el cargo y yo tomar el papel más bien de acompañante y ayudante. Trabajamos en el proyecto nuevamente pero con mucha más profesionalidad y proyección: objetivo, programa, calendario, conferencistas, presupuesto, proyectos apostólicos, instituciones a beneficiar, bienhechores y proyectos de recaudación de fondos, formación de formadores, etc... Juntó a un grupo de amigas para rehacer la imagen del proyecto, armó su equipo directivo y empezó a lanzar convocatorias en todas las redes sociales.

Conseguimos que uno de los conferencistas de más renombre y buena fama en la ciudad se ofreciera a venir a hablar a nuestros jóvenes sin cobrarnos ni un centavo. La única condición que nos puso fue que lleváramos muchos jóvenes al evento pues creía firmemente que esta obra era del Espíritu Santo y quería asegurar que llegase al mayor número de jóvenes. Marce y yo decidimos hacer un nuevo acto de confianza y aceptamos el reto, ilusionadas con que todo sería un éxito. Pocos días antes, entre todos los preparativos, decoración, pagos de inscripciones y demás, Marce tuvo una tentación de desconfianza. Estaba segura de que nadie iría al evento y que aquello sería un fiasco. Su mamá decidió ir con ella a rezar a una capillita que tenía el Santísimo expuesto. Mirando a Jesús sacramentado (y dejándose mirar por Él), la mamá recibió otra inspiración del Espíritu Santo (¡otra moneda lanzada al aire!). Le propuso a Marce que hicieran el siguiente pacto con Dios: Si Él les ayudaba a llevar cierto número de jóvenes, entonces ellas se comprometerían a ir a esa capilla diario por un mes a rezar el rosario en familia, incluido el papá (Marce es hija única). Cuando Marce aceptó, la mamá le preguntó: "¿Entonces cuántos jóvenes quieres pedirle a Dios que traiga al evento?" Marce, titubeando, dijo que tal vez 20 era un número prudente. La mamá se rió de un número tan mediocre y la invitó a tener más fe, pues sólo la fe movería a Dios a hacer el milagro. Entonces Marce lo subió a 50, aunque con bastantes reservas en su interior. La mamá (¡qué ejemplo de mujer de fe!) volvió a reírse retando a su hija, diciéndole que tenía que confiar más. Entonces llegaron a un común acuerdo de 80 personas.

Llegó finalmente el día del evento. Aunque fueron muy pocos (tal vez 15 ó 20) los que pagaron la entrada al evento con días de anticipación, sabíamos que la gran mayoría llegarían a hacerlo en el momento. Todo lucía espectacular y cada uno de los miembros del equipo directivo estaba en donde tenía que estar. Empezamos a ponernos nerviosas, pensando que tal vez no llegaríamos a las 80 personas y teníamos que empezar el evento muy puntual por profesionalidad y también porque no podíamos darnos el lujo de hacer esperar al conferencista que normalmente nos habría cobrado al menos $5,000 dólares por esa conferencia de una hora. Pocos minutos antes de cerrar las puertas para comenzar, la mamá comenzó a contar cabezas… pude notar en su cara cierta alegría, pero al mismo tiempo una ligera insatisfacción. Cuando le pregunté cuántos éramos me dijo: "Son 78 jóvenes…". En ese momento dimos la señal de que se cerraran las puertas para comenzar y, vaya sorpresa, que justo alcanzaron a entrar los dos últimos jóvenes al evento. No fueron 79 ni 81: fueron 80 los asistentes.

Todo el evento fue mágico. Los jóvenes salieron tocados por una gracia muy especial, se respiraba un ambiente de mucha alegría y entusiasmo. Todos se inscribieron para las siguientes actividades y de ahí mantuvimos el número e incluso seguimos creciendo. Durante el año, los jóvenes organizaron una conferencia a la que asistieron más de 500 personas y en la que me consta que se dieron cambios profundos de vida. Todo ello era motivo de gratitud, pero lo que más nos llenó el corazón de gratitud fue el constatar el poder que tiene la confianza, pues tanto yo, como Marce y su mamá, que estuvo siempre al pendiente, tuvimos que lanzarnos al vacío con la certeza de que Dios estaría ahí, listo para sostenernos y premiarnos con su abundancia de gracias para nosotras mismas y para muchísimas más personas. La confianza es realmente la carnada con la que se consiguen los favores de Dios, y sólo en la confianza podemos saborear los frutos de lo que es el verdadero éxito y la auténtica realización personal. Cuando falta confianza, toda empresa tarde o temprano termina fracasando o a lo mucho se estanca en una productividad mediana en la que sólo los mediocres consiguen acomodarse.

Necesitamos aprender a confiar en Dios, poniéndolo, por así decirlo, entre la espada y la pared. Pienso en Pedro, por ejemplo, aquella noche, antes de la madrugada en la que terminó en la osadía de caminar sobre las aguas. Jesús mandó a los apóstoles a embarcarse, después de una larga jornada de predicaciones y milagros. En medio de la tempestad que agitaba la barca, Jesús se les acercó caminando sobre el lago. Los apóstoles se aterraron pensando que era un fantasma, pero Él les dijo: "¡Ánimo! Soy yo, no teman". Tal vez eso hubiera bastado para calmar a los doce. No era necesario pedir más pruebas, bastaban su voz, su mirada y la paz que les otorgaba su presencia a pesar de las olas. Sin embargo, Pedro quiso ir a más. No se conformó: movido más por un impulso de la gracia que de su temperamento primario, pidió a Cristo que, si era Él, le mandara también a él a caminar sobre las aguas. Pocas veces nos ponemos a pensar en lo vertiginoso que habrá sido para Pedro ese primer salto al agua. Tal vez cuando hizo a Jesús la petición de hacerlo caminar sobre el agua, no imaginaba que realmente pudiera suceder. Con razón se dice que, con Dios, hay que tener cuidado con lo que pedimos, porque se nos cumplirá. Y a Pedro se le cumplió. Jesús, mirándolo a los ojos, le extendió la mano y le dijo así, sin más: "Ven". Era como decirle: "Salta al vacío, lánzate a desafiar las leyes de la naturaleza en un acto de confianza por el que, o sales victorioso con una experiencia que habrá de reconfigurar todo tu sistema de creencias, o terminas en la tumba, si es que tus amigos son capaces de rescatar tu cuerpo." Sabía que dar el salto eliminaba cualquier punto intermedio. Tal vez también le pasó por la cabeza simplemente dejar pasar la oportunidad y decirle a Jesús: "¡Era broma, Señor! ¡Era sólo un decir!" Pero la mirada ya le había cautivado, el reto ya estaba sobre la mesa.

Creo que no alcanzamos a vislumbrar todo lo que aquella experiencia habrá significado posteriormente para Pedro. Cuántas lecciones, cuántas nuevas certezas, qué panorama tan inmenso se le habrá abierto al ver todo lo que el hombre puede alcanzar cuando se abandona en las manos de Dios y cuando fija su mirada en Él sin dejarse distraer por la tempestad que le amenaza. Esa experiencia se convirtió en un baúl del que pudo sacar tesoros a lo largo de toda su vida: tesoros espirituales que le sirvieron como puntos de referencia y que, ciertamente, terminaron reconfigurando todo su sistema de creencias y guiando sus pasos como el primer Vicario de Cristo en la Tierra.

Cabe recalcar que Pedro se mantuvo a salvo sólo cuando fijó su mirada en Cristo. Sólo cuando bajó la mirada para ver el lío en el que estaba metido comenzó a hundirse. Cuántas veces esa experiencia lo habrá sostenido después de la Ascensión del Señor al tener que afrontar la grave responsabilidad de apacentar al rebaño que Él le confió en el lago de Tiberíades: "¡Me basta tu mirada, Señor! Me abandono en tu mirada en absoluta confianza sabiendo que Tú no me dejarás perecer."

Y así como confiamos en Dios, también debemos aprender a confiar en los demás. Ciertamente, ninguna persona, por muy buena que sea, será tan digna de confianza como lo es Cristo. Sin embargo, la invitación a confiar no se basa en la certeza de que no seremos defraudados, sino en la certeza de que la confianza en sí misma es ya un don con el que me premio a mí mismo y con el que también aliento a la persona a sacar lo mejor de ella misma. La confianza no me asegura que no seré defraudado, pero sí me asegura que he optado correctamente: ya el fruto lo dejamos en manos de Dios. Volviendo al caso de Marce, pienso en cuánto habrá significado para ella el que yo le haya confiado la dirección del proyecto después de la manera en la que, consciente o inconscientemente comenzó a boicotear el plan. Pienso que mi confianza en ese momento no fue una confianza ingenua: fue una confianza que brotó después de haberla mirado a los ojos y después de haber visto el gemido de su corazón a través de sus lágrimas.

No obstante todo lo dicho anteriormente, es necesario el discernimiento para saber hasta qué grado y en qué formas concretas habremos de mostrar nuestra confianza a las demás personas. No digo que haya veces en las que sea mejor no confiar. Siempre es bueno, noble y conveniente confiar. Pero la confianza unas veces deberá ser expresada por medios más prudentes; en otras ocasiones habremos de dar esos saltos al vacío. Pocas veces seremos engañados si aprendemos a mirar a través de los ojos ajenos y si, en ese mirar, recordamos cómo nos ha mirado Dios. La mirada de Dios purifica de tal manera mis ojos y mi corazón, que me permite intuir con más finura si habremos de tomar el riesgo o si será más prudente esperar con determinadas personas hasta que llegue el momento oportuno. La oración es el medio por excelencia en el que podemos encontrar respuestas.

3. Libre para escuchar y acoger

Como es de suponerse, y como de hecho se ha mostrado en lo que llevamos recorrido, la mirada casi siempre va conectada con la escucha. Deberían estar siempre conectadas. Tanto los ojos como los oídos tienen algo en común: aunque parecerían ser órganos receptivos (es decir, órganos que sirven para recibir un mensaje del exterior), en realidad son más bien órganos emisores (es decir, órganos que sirven más bien para transmitir un mensaje desde el interior). Dependiendo de cómo los utilicemos, serán simples receptores de información, o podrán llegar a ser emisores de un mensaje que ni la lengua ni todo el lenguaje corporal es capaz de transmitir. Explicaré a continuación cómo se da este fenómeno.

Seguramente nos resulta familiar el esquema tradicional de los tres agentes en la comunicación: emisor, mensaje y receptor. El emisor es el que transmite un mensaje (generalmente lo simboliza una persona hablando); el mensaje es propiamente el contenido que se transmite yendo del emisor al receptor (generalmente se simboliza como una burbuja de diálogo que sale de los labios del emisor); el receptor, por su parte, es quien recibe el mensaje (éste suele representarse como la persona que está escuchando el mensaje). Para que haya comunicación, tradicionalmente se ha dicho que se necesitan de estos tres agentes. Ahora bien, me gustaría plantear aquí un nuevo esquema de comunicación. Sin negar este tradicional esquema que, de hecho, ha favorecido mucho la comprensión de la comunicación a niveles personales y también empresariales, creo que existe un nivel de comunicación mucho más elevado que requiere un nuevo esquema.

Cuando se da una conversación entre dos personas, la persona que está escuchando (que inicialmente sería considerado el receptor), debe ser muy consciente de que escuchar a una persona es un arte que exige presencia plena. La presencia plena va más allá de simplemente dejar que entre el mensaje por el oído, haga su proceso en el cerebro y produzca una respuesta que salga por los labios. La presencia plena exige que el oído esté íntimamente conectado con los ojos; la escucha y la mirada se comunican mutuamente cuál es la disposición interna y externa con la que conviene atender a la persona que habla. Los ojos y los oídos son, por así decirlo, las antenas más sensibles que pueden percibir el nivel de intimidad en la que la conversación se sitúa, o puede llegar a situarse si hay apertura y acogida. Los ojos y los oídos, trabajando juntos, pueden llevar al receptor a una disposición tal que no haya ninguna otra distracción interna o externa: la persona que habla se convierte en el centro de toda su atención. Es esta disposición la que llamamos presencia plena: estar en el aquí y el ahora, a total disposición de la persona que quiere transmitirme un mensaje.

Cuando se logra esta presencia plena, se puede dar el caso de que los papeles de emisor y receptor se inviertan: la persona que habla, al sentirse escuchada y al verse valorada en la mirada y en la presencia plena del otro, termina experimentando que, más que enviar un mensaje, está recibiendo uno mucho más potente que da respuesta sobreabundante al mensaje inicial. Podemos decir que el mensaje que transmite una buena escucha unida a una mirada profunda, es mucho más poderoso que el mensaje que se puede transmitir con los labios después de haber escuchado. Digamos que este nuevo esquema nos introduce en un nivel más elevado de comunicación en el que los labios ya no son tan necesarios y el mensaje que sale de ellos se vuelve casi irrelevante.

Será muy necesario ahora comenzar a hablar de la mirada siempre unida a la escucha, puesto que, cuando ambas se fusionan para servir a la persona que les interpela, pueden generar una presencia plena que hace sentir a la otra persona valorada, potenciada, escuchada y sanada desde su interior.

Juntas, la mirada y la escucha, esconden el potencial de transmitir un mensaje de alto voltaje: la presencia que generan mi escucha y mi mirada volcadas sobre la otra persona es, en sí misma y por sí sola, una respuesta, muy seguramente la respuesta que la otra persona está buscando.

Pensemos por un momento en responder estas preguntas antes de ahondar en el tema: ¿en qué momento de mi vida me he sentido profundamente escuchado? ¿Cómo me hizo sentir esa escucha? ¿Quién me hizo sentir así y en qué momento concreto? ¿Qué mensaje le transmití al hablar? ¿Qué hizo esa persona para hacerme sentir tan escuchado? Basado en esa experiencia, ¿cuál diría yo que es el ingrediente secreto para hacer sentir a una persona profundamente escuchada? ¿Qué efecto hizo en mí su escucha? ¿Qué mensaje me transmitió, y tal vez me sigue transmitiendo esa escucha de aquella persona?

Guardemos estas respuestas en el corazón. Si fuera necesario, podría ayudar el escribirlas y mantenerlas a la mano conforme vayamos avanzando en el libro, pues podrán servirnos como punto de referencia y de contraste entre lo que iremos explicando y lo que hemos experimentado en el pasado. Conforme más seamos capaces de contrastar la teoría con nuestra vida misma, más podremos integrar todo el contenido que pueda ayudarnos a crecer en el campo de la escucha atenta y la mirada profunda.

Primer paso: Reconocer mi limitación en la escucha

Es muy curioso que la escucha es un tema en el que la gran mayoría de la humanidad se siente experta y, sin embargo, la gran mayoría de la humanidad siente que pocas veces en la vida ha sido escuchada. Todos decimos que sabemos escuchar, o creemos que sabemos, pero al mismo tiempo todos nos quejamos de que no hay nadie que sepa escucharnos.

Y es que la escucha es como el canto: ¿cómo disuadir a alguien que está convencido de que tiene voz de ángel? Tal vez si se le pudiera grabar y reproducir, pidiéndole que baje de la tarima y escuche desde otra perspectiva su propia voz. Sólo desde ahí afuera se podrían distinguir las notas altisonantes (aun así, ¡hay casos que son imposibles de disuadir!). A veces necesitamos hacer un ejercicio de distanciamiento y disociación interior para poder darnos cuenta de muchos errores que cometemos al escuchar.

El P. Espinosa de los Monteros, LC, gran predicador en el campo de las relaciones matrimoniales, cuenta en sus pláticas un chiste que, aparte de hacer reír a la audiencia, expresa muy bien el problema de la falta de escucha. Cuenta que había un hombre que estaba muy cansado de su esposa que nunca lo escuchaba. El señor decide ir con el doctor para pedir una receta para su esposa. El doctor le escucha atentamente y le comenta que, como necesita saber el grado de sordera de la esposa antes de dar alguna prescripción médica, será necesario hacer un diagnóstico: "Hoy cuando llegue a su casa, abra la puerta y deténgase ahí. Desde ahí llame por su nombre a su esposa con voz fuerte y firme. Si ve que no le responde, trate de identificar en qué parte de la casa se encuentra ella, acérquese cinco pasos y vuelva a llamarle por su nombre, y así sucesivamente hasta que ella responda. Venga mañana y dígame a cuántos pasos de distancia ella logró escucharle." El señor se retiró muy contento, pensando que finalmente estaba a punto de encontrar la solución a su problema. Esa noche, entró a su casa e hizo tal como el doctor le recomendó. En el umbral de la puerta comenzó a gritar: "¡Luz Elena! ¡Luz Elena!" y Luz Elena no respondió nada. Él se percató por la luz que ella estaba en la cocina, por lo que dio cinco pasos hacia la cocina y la volvió a llamar sin obtener respuesta alguna. Entonces dio otros cinco pasos y repitió el ejercicio sin ninguna respuesta. Finalmente, parado casi detrás de ella le grita: "¡Luz Elena!" Ella suspirando voltea y le contesta: "¡Por cuarta vez te pregunto que qué quieres!"

¿Quién es el sordo? ¿No seré yo acaso, cada vez que me quejo de que esta o aquella persona no han sabido escucharme? Tan sólo para que sirva de pista para identificar en qué nivel de escucha nos encontramos, basta decir que el nivel más básico de la escucha, el nivel que hasta podríamos llamar "Palitos I" en sentido sarcástico, es aquél en el que logro no interrumpir a quien está hablando. Digo que es el nivel más bajo y tan sólo el mínimo indispensable puesto que establece al menos la base de un silencio respetuoso que la persona necesita para poder expresarse. Sin embargo, no nos asegura que realmente estemos escuchando, pues la escucha no es simplemente hacer silencio mientras la otra persona habla. La escucha exige mucho más que una postura de simple espectador: exige poner en juego lo mejor de mi persona; es, como dice el Papa Francisco tan mencionado en este libro, "la capacidad del corazón que hace posible la proximidad, sin la cual no existe un verdadero encuentro espiritual". (Evangelii Gaudium # 171)

Invito a mis lectores a comenzar a leer este apartado con una sana humildad de quien reconoce que tiene mucho que crecer en este campo. A fin de cuentas, por muy avanzados que estemos, el campo de la escucha es tan vasto que siempre deja espacio para crecer.

En este apartado, aunque no pienso elaborar una reflexión exhaustiva sobre el tema de la escucha (hacerlo me llevaría tal vez otro libro), sí incluyo tres leyes fundamentales que deben regirnos en nuestra capacidad de escucha y en las que veo una íntima conexión entre la mirada y la escucha. Se trata de la ley de la primacía de la pregunta, la ley de la primacía de la unidad sobre el conflicto y la ley de la garantía de protección.

La ley de la primacía de la pregunta

Esta ley nos puede resolver el 98% de los problemas de relaciones humanas que tenemos con la gente que nos rodea, especialmente con los más allegados. Violarla puede tener consecuencias catastróficas y lo paradójico es que el cumplirla es algo muy sencillo que requiere, más que virtud y sacrificio, una simple atención al momento presente. Se trata de la ley de la primacía de la pregunta por la que, antes de dirigir cualquier reproche, reclamo o reacción de enojo a la persona que pienso que me ha ofendido, opto por hacer las preguntas adecuadas que me lleven primero, a verificar que lo que pienso que la persona hizo, dijo o pensó es verdadero; segundo, a comprender la razón que le movió a obrar de esa manera. Darle la primacía a la pregunta es darle un voto de confianza a la persona a la que estamos a punto de reprochar, pues es como afirmarnos a nosotros mismos: "Le preguntaré porque me cuesta trabajo creer que realmente hizo lo que pienso que hizo, y como sé que su intención es buena, quiero entender cuáles fueron sus motivos para hacerlo."

Recuerdo un comercial muy simpático en el que aparecía un señor manejando un camión de carga de cemento. Al llegar a su casa notó que había un convertible último modelo estacionado afuera de su casa. Al asomarse por la ventana, vio a su mujer abrazando a un hombre que le entregaba un ramo de flores. El esposo, enojado, como era de suponerse, se montó al camión de carga, chocó el carro último modelo del supuesto amante y descargó todo el cemento sobre el carro. Al entrar a su casa con aire orgulloso y desafiante, la esposa emocionada corrió a abrazarlo festejando el carro último modelo que el desconocido venía a entregarles como premio de una rifa. ¡Vaya sorpresa y desengaño!

Qué fácil y consolador habría sido entrar a la casa, saludar a la parejita mostrándoles que, en caso de que hubiera algo malo, no tenían escapatoria. Vaya que el esposo habría caído en la cuenta y habría agradecido al cielo no haber hecho lo que tramaba. Pienso, personalmente, que no le habría implicado más virtud que lo que hizo, puesto que no se trataba de no reaccionar o de reprimir ese enojo generado por su prejuicio, sino simplemente de verificar que ese enojo estuviera bien fundamentado antes de responder con la revancha.

Y es que la gran mayoría de nuestros enojos son causados por prejuicios más que por la realidad de los hechos. La gran mayoría de veces, lo que nos hace enojar no es tanto la acción de los demás, sino la interpretación que damos a esas acciones. Greg Baer, en su libro "Amor Real", hace una analogía muy interesante que me parece acertado incluir aquí: imagina por un momento que estás nadando plácidamente en el mar. De repente, sientes un tirón y notas que alguien te está hundiendo violentamente al agua sin dejarte tomar el más mínimo respiro. Mientras tratas de luchar por salir a la superficie, piensas que es una broma de muy mal gusto y a tu asfixia se le añade el enojo. Finalmente logras salir y das un largo respiro, pero la persona vuelve a sumergirte con violencia. Providencialmente llega alguien más en una lancha y te rescata. Aquí te hago una pregunta: ¿Qué le dirías a esa persona desde la lancha? Ahora bien, imagina que tú, una vez sano y salvo en la lancha, descubres que no se trataba de una broma ni de un acto malicioso contra ti, sino que la persona que te oprimía se estaba ahogando y su instinto de supervivencia le llevó a maltratarte de esa manera. Te hago la misma pregunta: ¿Qué le dirías a esa persona desde la lancha? ¿Sería tu reacción diferente? ¡Aseguro que lo sería! Y todo porque te diste el tiempo de observar y darte cuenta de que la persona no tenía la más mínima intención de lastimarte. Entonces tu enojo se apacigua e incluso comienzas a sentir compasión y preocupación por sacarlo del agua cuanto antes.

Resulta muy interesante analizar con este ejemplo las causas del enojo. El hecho en sí mismo es un acto violento: si soy yo el atacado en la analogía, objetivamente me lastimaron, me sofocaron y me privaron de mi serenidad y deleite en el agua. Pero no fue eso lo que me causó el enojo. Lo que me hizo enojar fue el haber dado por supuesto que había alguien que *quería* agredirme, que tenía en su interior la *intención* de agredirme. Vemos aquí muy claramente que no son *los hechos* sino más bien *la interpretación que damos a los hechos* lo que nos lleva al enojo. Es por eso que la ley de la primacía de la pregunta es tan importante. Basta con dejar un espacio de tiempo y de diálogo o de contemplación de los hechos desde otra perspectiva, para poder ver más allá y poder primero, detectar qué es exactamente lo que me está causando ese enojo y, segundo, verificar que la causa de mi enojo concuerde con la realidad. A veces esa verificación necesitará que yo haga preguntas; otras veces bastará con la mirada atenta a los hechos y a la persona. En el caso del hombre ahogándose, evidentemente las preguntas habrían sobrado. Sin embargo, en la mayoría de los casos en nuestra vida cotidiana, sí serán necesarios momentos de diálogo y de confrontación que nos lleven a verificar lo que inicialmente no es más que una sospecha.

Me ha tocado en varias ocasiones conocer a personas que tienen un alto nivel de intuición interior: son capaces de leer lo que hay en el corazón de las personas. Incluso hay quienes los consideran gurús porque parecería que leen la mente y el corazón. Esa intuición, aunque es un don muy especial que puede hacer mucho bien, también es un arma de dos filos, porque muchas veces lleva a la persona a dar por hecho que las intenciones son torcidas y entonces se cierran al diálogo que habría podido evitar tantos conflictos en sus relaciones con los demás. Y el daño está no solamente en que se está dando por hecho algo que no se ha verificado, sino también en el hecho de que la persona sobre la que se sospecha, consciente o inconscientemente, percibe que la otra persona ya emitió un juicio condenatorio. Esto puede causar heridas muy hondas, ya que dejan en el corazón la certeza de que la otra persona no confía en mí, que da por hecho que yo sería capaz de hacer esto o aquello. Incluso en el caso de que la persona intuitiva tenga la razón en lo que dio por hecho, el hecho de no darse el tiempo y el espacio de preguntar, es como afirmarle a la persona que no hay espacio para una enmienda o una justificación: la sentencia ya está dictada antes de cualquier diálogo.

Volviendo al ejemplo del conductor que cree haber sorprendido a su esposa en infidelidad. Pensemos en lo que habría sucedido después: la esposa sale feliz a abrazarlo, le muestra las llaves del auto y sale emocionada a ver el premio que acaban de recibir. Se lleva la sorpresa, junto con el hombre que hizo la entrega, de ver el auto completamente arruinado, pérdida total. El esposo trata de justificarse explicando lo que vio desde fuera y pidiendo a su esposa que tratara de ponerse en sus zapatos. El trabajador de turno decide salir de la escena tan incómoda y la pareja se queda discutiendo. ¿Qué sentirá la mujer al ver que su esposo fue capaz de creer que ella le era infiel? ¿Qué sentirá al constatar que, tal fue la desconfianza de su esposo, que ni siquiera le dio una mínima oportunidad de darle alguna explicación? ¿Acaso merecía ese descarte tan automático?

Dar por hecho que la persona que me ofendió no es digna de mi confianza y reaccionar bajo esa certeza hiere la relación en lo más profundo de sus raíces. Por muy claras que parezcan las cosas, por muy evidente que sea la falta y por muy contundentes que sean las pruebas que tengamos para afirmar que conocemos sus negras intenciones, dejar espacio a la verificación es necesario, no solo por la necesidad personal de salir de dudas, sino también por la necesidad personal de no herir la relación más de lo que ya de por sí está herida. Este espacio al diálogo es necesario para nuestro propio beneficio, si queremos verlo desde el punto de vista meramente egoísta. Cuánto más necesario será darle la primacía a la pregunta y al diálogo si, a pesar de la ofensa, somos tan nobles como para preocuparnos también por el bien de la otra persona.

Recuerdo una vez, hace muchos años, atendí en dirección espiritual a un joven que llegó muy decepcionado, contándome que acababa de ver a su catequista cometiendo adulterio y comportándose como un adolescente en un bar. Había sido un catequista que le había marcado la vida en su preparación para la confirmación, y verlo así le causó una decepción enorme. Dado que el catequista no se dio cuenta de que él lo observaba, aceptó salir a tomar un café con él esa misma tarde. El joven me dijo que pensaba echarle en cara todo lo que vio, y pensaba decirle que no le interesaba saber más de él. Yo le dije que me parecía muy bien, pero que asegurara no hacer eso sin antes decirle: "Te vi haciendo esto y aquello. Quiero entender por qué te comportas así, y quiero entender por qué eres catequista si sabes que no estas obrando rectamente". Salió de mi oficina directo a su cita con el catequista. A penas le había dicho "Te vi haciendo esto y aquello", cuando el catequista comenzó a llorar muy avergonzado por lo sucedido. No fue necesario preguntarle más, pues él mismo reconoció sus faltas, pidió perdón y le pidió oraciones para poder dejar a esa mujer con la que se había enredado. El joven bajó las armas y comenzó a verlo con ojos distintos: ya no era el hombre perfecto, inalcanzable, inmaculado. Ahora era el hombre débil, vulnerable, que necesitaba un consejo y ayuda. Paradójicamente, el joven terminó escuchándole, aconsejándole, y ayudándole a tomar decisiones que le ayudaran a salir de la situación de infidelidad. El catequista decidió llamar a un psicólogo en ese mismo momento, frente al joven, para fijar una primera cita y comenzar un proceso de sanación. El joven, lejos de querer alejarse de él y sacarlo de su vida, se mantuvo cerca apoyándolo con sus oraciones y sacrificios y el catequista pudo salir adelante. Haberse dejado llevar por su primera reacción le habría evitado ese encuentro en el que se invirtieron los papeles de evangelizador - evangelizado, otorgándole un sentido muy grande a su vida, pues había sido instrumento para la conversión de un apóstol de Cristo.

Cabe mencionar que esta verificación de las intenciones se debe de dar, como mencionamos arriba, acompañada de una mirada en la que la persona no se sienta pre-juzgada. De poco servirá preguntar qué ha pasado, si quien pregunta en su mirada refleja ya tener la respuesta: "pasó que me traicionaste, que eres un sin vergüenza y que te mereces lo que está a punto de ocurrir". Cuando abrimos un espacio al diálogo, no es simplemente para cumplir con el trámite y luego ejecutar la sentencia que ya habíamos determinado desde antes; el diálogo es para verificar qué será la mejor decisión a tomar. Al diálogo se debe llegar con la mente y el corazón abiertos a emitir un juicio *a posteriori*, no *a priori*. Dicha apertura se tiene que reflejar en la mirada. Puede ser incluso contraproducente si lanzamos preguntas que en realidad son expuestas más como un reproche que como una pregunta real. Se debe llegar al diálogo con un corazón sincero. Vemos, por ejemplo, que los fariseos, al entrevistar a Jesús antes de su condena, le hicieron muchas preguntas. Podríamos pensar que estaban cumpliendo con esta ley de la primacía de la pregunta. Sin embargo, vemos claramente que las preguntas tenían la sola intención de encontrar más razones para justificar la decisión que ya se había tomado mucho antes de lanzar las preguntas. En realidad, ellos no estaban dispuestos a cambiar su parecer, dependiendo de las respuestas que les diera el hijo del carpintero. La sentencia ya estaba dictada. Es por eso que Jesús calló y no abrió su boca: sabía que no había nada que pudiera hacer o decir que les pudiera hacer cambiar de parecer. Sus corazones no estaban abiertos a la verdad, no eran libres, pues estaban totalmente aferrados a sus ideas de que ese hombre tenía que ser crucificado a como diera lugar.

La ley de la primacía de la unidad sobre el argumento

La segunda ley para asegurar una escucha libre y fructífera es la ley de la primacía de la unidad sobre el conflicto. Cuando entablamos una conversación que prevemos podrá ser conflictiva, debemos de ir con la mente clara y enfocada en lo que buscamos con ese diálogo. Ciertamente, muchas veces en la vida será necesario crear diálogos que necesariamente generarán tensión y podrán causar incomodidad. Tanto es así, que por eso muchas personas prefieren evadir ese tipo de conversaciones y deciden dejar pasar el problema y pretender seguir viviendo la vida como si nada hubiera pasado. Las consecuencias de dicha omisión se tendrán que pagar tarde o temprano y, cuanto más tarde, más caras salen. Mientras más retrasamos esos diálogos y los relegamos para otro momento, más caras serán las consecuencias y más difícil será sanar las heridas, pues éstas serán mucho más hondas. En este campo de la comunicación conflictiva, es muy atinado aplicar el refrán que dice que quien no avanza, retrocede.

Pero volvamos al caso de los que sí se atreven a generar conversaciones conflictivas. Decíamos que es importante tener claro qué es lo que buscamos: ¿queremos resolver un problema, o queremos hacerlo más grande? ¿Qué necesito hacer yo para resolver el problema? Aquí conviene pensar en primera persona pues, aun en los casos en los que estamos convencidos de que, tanto el problema como la solución están en que la otra persona cambie, mi actitud frente a ella podrá ser determinante para que la otra persona de hecho se dé cuenta o se afiance más en su argumento. ¿Cuál tendrá que ser mi actitud para asegurar que en este diálogo lleguemos a una solución? Y una pregunta más importante aún: ¿Qué debo hacer y cómo me debo comportar para dejar de ser parte del problema y comenzar a ser parte de la solución?

Pues bien, el sentido común me dice que, cuando buscamos este tipo de conversaciones, en el fondo, lo que queremos es solucionar el problema en cuestión, limar las asperezas y alcanzar la paz en la relación. Éste, entonces, deberá de ser nuestro faro y tendrá que mantenerse encendido y brillante frente a mí a lo largo de toda la conversación, especialmente cuando salen comentarios que me hieren y que hacen que se enciendan mis pasiones. El impulso de mis reacciones puede distraerme de mi objetivo.

Por ejemplo: imaginemos una pareja que está pasando por una crisis económica y deben pensar juntos cómo ahorrar dinero para poder pagar la colegiatura de sus hijos. Ambos saben que es un tema que ocasionará discusiones, puesto que él piensa que ella gasta mucho y ella piensa que él es avaro y tacaño. Finalmente deciden a hablar. Se sientan en la cama en un momento en que los dos están tranquilos, sin prisas y sin distractores. Comienza la conversación y él le dice a la esposa que con tanto gasto que hace con la tarjeta de crédito será imposible llegar a nada, que está siendo muy egoísta e inconsciente de la situación. La esposa, que llegó con la mejor disposición de escuchar y de llegar a un común acuerdo, comienza a sentir indignación por semejante juicio. Ella no ha hecho más que hacer inversiones para decorar la casa, pensando que el crear un ambiente armónico en el hogar ayudaría a reducir el nivel de estrés que se sentía entre ella y su pareja. Pero ahora se ve juzgada en lo que para ella había sido un noble gesto de amor. El impulso le llevaría a levantar el tono de voz y a alegar que, a fin de cuentas, ella ha hecho esos gastos con su propio dinero y que él debería de avergonzarse de estarle reclamando siendo que él gana la mitad de lo que ella gana pues sus ventas no son tan productivas como las de ella. Pero, ¿cuál es el objetivo de esa conversación? Reaccionar así, ¿le llevaría a resolver el conflicto? Evidentemente no. En la conversación salió un punto que le hirió, pero que no conviene volver ese punto el centro de atención pues implicaría un cambio de objetivo. Con humildad y con un esfuerzo mental por mantenerse enfocada en lo que busca con esa conversación, la esposa escuchará, hará su orgullo herido a un lado y buscará entender la situación desde la perspectiva del esposo: a fin de cuentas, es verdad que los gastos han sido grandes y que tal vez podrían haberse evitado.

Es verdad que el gasto generó más estrés de lo que habría generado el mantener la decoración un poco austera. Y decide reconocer su parte, explicando con nobleza y serenidad por qué lo había hecho, no con un afán de justificarse, sino con un deseo sincero de que el esposo no sufra ante la percepción errónea de que a ella no le importa la situación económica. Sólo una actitud de humilde escucha y de reconocimiento de las propias faltas podrá disponer al esposo para él también escuchar el parecer de la esposa respecto a la utilidad de sus ventas. Sólo entonces podrán llegar a un común acuerdo.

Pero a veces nos desviamos tanto y terminamos sacando a la luz argumentos que no tienen absolutamente nada que ver con el tema inicial ni con el objetivo que ambos perseguían y, lejos de sanar asperezas, éstas se vuelven más álgidas y generan un nuevo problema: la pareja tendrá que preocuparse, no solamente de la cuestión económica, sino también de sanar una nueva herida en la relación. Es de suponerse que, si para ambos fue difícil pedirse perdón uno al otro con esas faltas involuntarias, cuánto más difícil será después pedirse perdón por eso, y también por los comentarios humillantes que habrían salido en esa pelea.

Es paradójico, pero muchas veces, con nuestras actitudes y con las formas en las que pretendemos imponer nuestro punto de vista, lo que logramos es exactamente lo contrario a lo que buscamos: quiero que mi esposo me ame y que tengamos una relación estable y amorosa. Movida por esa intención, le echo en cara todo lo que está haciendo mal haciéndole ver y sentir que no me está haciendo feliz. ¿Existe algo más doloroso para un hombre que el constatar que no es capaz de hacer feliz a la mujer que ama? Y con ese dolor, ¿no será más difícil sobreponerse y volver a apostar por la relación? Ese dolor, lejos de estimular al hombre a una entrega renovada, más bien le quita fuerzas y motivación para reconocer su parte e intentarlo una vez más. Paradójicamente, con esas reacciones altisonantes y con esas miradas matadoras, no sólo no resolvemos nuestras frustraciones, sino que, de hecho, reforzamos el problema del que tanto nos quejamos y alentamos el proceso que tanto queremos acelerar.

Es por esto que debemos tener como ley el dar la primacía a la unidad y a la comunión por encima de cualquier argumento, por muy válido e imperante que sea. Es más, precisamente porque ese argumento es tan imperante, es que no puedo imponerlo: debo de preparar el terreno en el corazón del otro para que el argumento pueda caer como cae una semilla en la tierra que ha sido removida y que está lista para acogerla. Precisamente porque mi argumento es crucial y necesito que el otro lo comprenda y lo haga suyo, es que debo saber presentarlo en un ambiente en que se conserve la unidad, la paz y la bondad. Porque, ¿quién va a escuchar la gran verdad que quiero aportar si la presento entre gritos, estruendos y humillaciones? ¿Acaso pretendo hacerme creíble con esas actitudes? Mi mirada, ¿invita a los otros a escucharme y a acoger mi argumento? Ésta es tal vez de las leyes más sabias que puedo recomendar. Exige mucha paciencia, como es de suponerse, pero nos garantiza que el dejar a un lado mi argumento por un momento para dedicarme por ahora a amar al otro, hacerle sentirse comprendido, validado y potenciado, terminará siendo la forma más rápida y eficaz de convencerle de mi argumento. ¿Quién hará caso a una persona que llega y con mirada de fuego presentando un argumento que humilla, que delata de las propias faltas, que juzga desde su altanería y sentencia desastres si no siguen sus "sabios consejos"? Por muy sabios y veraces que sean, el hecho de que vengan envueltos en semejante presentación, indisponen a la persona a acogerlos con docilidad y presteza.

Dejo a continuación algunas preguntas que puedan servirnos de reflexión: ¿Puedo dar mi punto de vista y no ser agresivo? ¿Puedo dar mi punto de vista y generar unión y caridad entre las personas involucradas en el diálogo? ¿Soy capaz de dejar mi argumento a un lado para ajustarme al paso de los demás y esperar a que sus corazones estén listos para acoger la verdad que tengo para ofrecerles? ¿Qué refleja mi mirada cuando me encuentro sumida en conversaciones conflictivas y busco por todos los medios no reaccionar con agresividad? Cuando voy a comenzar una conversación en la que quiero compartir mi punto de vista sobre algún tema álgido, ¿llego con la disposición y la apertura para cambiar de opinión, si fuera necesario para alcanzar el mayor bien? ¿Qué es más importante para mí: el que se haga lo que yo quiero o el que conservemos la unidad?

La ley de garantía de protección

Cuando hablamos acerca de los medios para garantizar una buena comunicación, hay un factor que muchos pasan por alto. Solemos considerar las formas educadas, la escucha atenta, la argumentación clara y la apertura a dejarnos interpelar. Todo esto es muy bueno y muy necesario, pero hay un factor que se vuelve determinante para la persona que quiere dar su punto de vista y que quiere entender a la otra persona involucrada en la conversación. Y es el factor del sentirse a salvo en una conversación. ¿A qué me refiero con esto? Una vez, en uno de esos cursos que he tomado sobre mentoría, acompañamiento y encuentro, nos dirigieron una dinámica que me pareció muy poderosa. Éramos un grupo de aproximadamente treinta personas, entre sacerdotes, consagradas y laicos de diferentes partes del mundo. Primero nos dieron un papel en el que venían descritos tres casos: el primero se trataba de una joven que se sentía acomplejada, con signos depresivos y constantes deseos de morirse; el segundo de un joven que sentía un profundo odio hacia su padre por experiencias pasadas y a veces sentía impulsos de querer matarlo; el tercero era el de una modelo con problemas alimenticios que buscaba sentirse amada y admirada a como diera lugar, a veces incluso denigrándose como persona con tal de recibir algún gesto que pudiera parecer amor. Después nos dijeron que estos tres personajes englobaban las tres heridas universales que todo hombre llevaba consigo, de tal manera que podíamos afirmar que todos llevábamos algo de alguno de los tres, o tal vez mucho de los tres.

Después de esa explicación que yo nunca había escuchado, nos pidieron que preparáramos un discurso de treinta segundos en el que nos diéramos a conocer a los demás: simplemente decir nuestros datos generales y lo más esencial que creíamos nos distinguía de las demás personas, tanto a nivel físico como a nivel psicológico, espiritual y emocional. Tendríamos que pasar al frente y exponer nuestro discurso, mientras el público, al escucharnos, tendría que tratar de adivinar cuál de las tres patologías podría ser la predominante en el expositor. Si era necesario, el público podría meternos en más de una categoría.

Tengo que reconocer que yo estoy bastante acostumbrada a hablar en público. Difícilmente me intimidan los auditorios incluso siendo numerosos. Sin embargo, cuando fue mi turno, las piernas me temblaban y con trabajos pude exponer mi breve discurso sin sentir un grandísimo nudo en la garganta por el que quería salir corriendo y echarme a llorar. Mientras hablaba me interrumpía el constante miedo a ser catalogada en cualquiera de los tres casos. Nunca había medido tanto mis palabras ni me había sentido tan tensa, tan lejos de ser yo misma, tan aprisionada. Las miradas de todos los oyentes, aunque atentas, no dejaban de imponerme, y más cuando, al terminar alguna oración, veía que tomaban notas. Fueron sólo treinta segundos, pero realmente puedo decir que fueron de los treinta segundos más infernales que he vivido en toda mi vida.

Gracias a Dios, todo estaba planeado precisamente para llevarnos a experimentar lo que siente una persona cuando la escuchamos desde un prejuicio que la hace sentir completamente insegura y desprotegida. ¡Aclaro a mis lectores que no es verdad que todos los hombres cargamos con alguna de estas tres patologías! Al compartir qué habíamos sentido, muchos constatamos lo necesario que es el sentirnos a salvo en una conversación, el tener la certeza de que mis palabras no serán utilizadas en mi contra; que estoy con personas que me aprecian y que no me escuchan *para condenarme* sino *para comprenderme*. Todos constatamos que las miradas se volvieron el factor más intimidante, pues en ellas veíamos y casi escuchábamos los juicios que surgían en el interior de los oyentes y, en esos juicios, sentíamos que ya no éramos libres para hablar y expresarnos tal como somos. Por las miradas experimentamos como si nos hubieran puesto una camisa de fuerza. Tal vez podría decir que, obviamente en mucho menor grado, experimentamos algo parecido a lo que experimentan los rehenes que saben que están a punto de morir frente al soldado armado: nada que puedas hacer podrá salvarte, ya eres hombre muerto.

Así logramos comprender lo importante que es el asegurar que mi mirada y mi escucha garanticen a la otra persona que estará a salvo al exponer sus puntos de vista y sus sentimientos, que no tienen nada que temer. Si la persona no se siente "segura" y a salvo, difícilmente podrá poner sobre la mesa lo que verdaderamente lleva en el corazón y necesita expresar para que el diálogo cumpla con su cometido. Esto es lo que llamo la ley de la garantía de protección.

Para poder cumplir con esta ley, necesitamos volvernos expertos en detectar la presencia del miedo en las otras personas. Al inicio puede ser difícil pero cuanto más vamos entrenando nuestra mirada, más fácilmente vamos detectando el miedo. Incluso llega un momento en que salta a los ojos inmediatamente. Dos pistas que nos pueden ayudar a detectarlo son la intimidación (expresada generalmente por silencios prolongados) y la violencia (expresada generalmente por gritos o comentarios humillantes). Éstos suelen ser los típicos síntomas de la presencia de temor en la persona. En el mismo momento en que vemos que aparecen, debemos ser capaces de detenernos por un momento en medio del diálogo y pensar que tal vez estamos haciendo algo que hace que la persona sienta miedo: puede ser mi lenguaje corporal, el tono de mi voz, mi mirada, la manera de exponer mis argumentos que puede ser aplastante o humillante. Sea lo que sea, puedo asegurar que, si enfocamos todos nuestros esfuerzos en cambiar la mirada, toda nuestra compostura cambiará, de tal manera que la otra persona pueda recobrar un poco la confianza y la serenidad. A veces será necesario el hablar de ello y tal vez dejarnos interpelar con preguntas como éstas: "¿Te sientes bien? Perdóname si te estoy incomodando, te noto un poco tenso. Lo que menos quiero es hacerte sentir mal, ¿hay algo en mí que te esté causando temor o que te haga sentir incómodo en este momento? Durante los diálogos será muy importante estar constantemente tomando la temperatura, por así decirlo, del grado de seguridad que estamos brindando a la otra persona y debemos de desarrollar la capacidad de irnos ajustando, de ir cambiando en nosotros lo que haya que cambiar para asegurar, por encima de todo, que la persona siempre se sienta a salvo.

Por otro lado, también es conveniente abordar el tema si soy yo quien siente miedo. Basta con decir que hay algo que me hace sentir incomodidad y reiterar mi intención de limar cualquier aspereza reconociendo en mí lo que pueda mejorar. Si el miedo persiste, tal vez será conveniente incluso posponer la conversación hasta que ambos se dispongan a hablar "desarmados", por así decirlo.

Las siguientes preguntas nos pueden ayudar a ejercitarnos en este campo: ¿Puedo escuchar a quien me contradice creando para ella un ambiente en el que se sienta a salvo y tenga la seguridad de que sus comentarios serán bien acogidos? ¿Logra mi mirada hacer sentir a la otra persona a salvo como para poder seguir dando su punto de vista, incluso cuando se opone al mío? ¿Alguna vez me han dicho que mi mirada es imponente? Si sí, ¿en qué momentos suelo lanzar esas miradas imponentes? ¿Qué emociones hay en mi corazón cuando lanzo esas miradas?

4. Ver más allá de lo que se ve

Hemos visto hasta el momento La Mirada como el fundamento de la mirada; la necesidad de poner en juego mi propia vulnerabilidad para poder generar un verdadero encuentro en el que las miradas no tengan miedo de desnudar el alma y las leyes que, unidas a la escucha, pueden ayudarnos a purificar nuestra mirada. A continuación, veremos algunos principios que deben gobernar nuestra mirada como tal. Quise titular este apartado como "Ver más allá de lo que se ve" porque ése es el objetivo que buscamos al decir que debemos ejercitar la mirada. Así como en un cristal podríamos detenernos en la mancha que tiene el cristal y descartar lo que hay más allá, de la misma manera, debemos ejercitar la mirada para que no se quede en lo que salta a primera vista y es tan propenso al prejuicio de los espectadores. Quien se atreve a mirar más allá, sabe que esas manchas son sólo brotes de algo que hunde sus raíces en las profundidades de un alma que quiere y necesita ser descubierta. Todos anhelamos ser descubiertos en nuestro interior; anhelamos ser comprendidos y no solamente pillados en nuestros gestos más visibles y no siempre amables.

La norma personalista

San Juan Pablo II, antes de ser elegido Papa, publicó un libro que se llama amor y responsabilidad. En él, usa el término de la "norma personalista", con el que quiere realzar el valor de la persona humana, poniéndola al centro de atención en las relaciones humanas, especialmente cuando se habla de la intimidad conyugal. Aunque su enfoque es más afectivo-sexual, creo personalmente que el término aplica para todos los proyectos, relaciones e ideales que persigue la humanidad en general.

Cuando aquí hablo de la norma personalista, quiero poner a *la persona al centro*, con toda su dignidad y su misterio. Poner a la persona al centro significa hacer a un lado todos mis prejuicios, mis sistemas de creencias y de valores para reconocer al otro que es distinto, a ese *otro* que, precisamente por ser *otro* diferente a mí, me puede enriquecer si me dejo interpelar. Volviendo a citar al Papa Francisco, él nos invita en la exhortación apostólica Evangelii Gaudium (realmente invito a mis lectores a leer esa exhortación, especialmente a los creyentes, aunque no exclusivamente) a "dejarnos interpelar por el diferente y valorar la belleza que Dios derrama fuera de sus límites." (EG #234).

Ciertamente, a veces pensamos que toda la belleza está contenida en mi religión y en ninguna otra creencia religiosa; en mis criterios y no en los criterios de los que piensan diferente de mí; en mi forma de interpretar la vida y las circunstancias; en mi propio sistema de creencias. Corremos el peligro de caer en una enfermedad que el Papa llama la excesiva auto-referencialidad. En otra parte de esta misma exhortación, el Papa afirma que, "más que el temor a equivocarnos, espero que nos mueva el temor a encerrarnos en las estructuras que nos dan una falsa contención, en las normas que nos vuelven jueces implacables, en las costumbres donde nos sentimos tranquilos (...)." (EG #49). Es a esto a lo que me refiero con la norma personalista: la persona que tengo frente a mí será siempre más importante que todas mis ideas, normas, estructuras o responsabilidades. Obviamente, no quiero decir con esto que, si una persona viene a pedirme que le ayude a partir naranjas, debo dejar mis responsabilidades de estado para ayudarle en esa tarea que no parece trascendente. Hay que tomar en cuenta el principio de proporcionalidad cuando afirmo que la persona es más importante que los deberes y demás. Cuando digo que hay que poner a la persona al centro no me refiero tanto a algo que debamos *hacer* o dejar de hacer, sino a una *forma* de estar, de mirar, de escuchar, por la que la persona sabe que él o ella es lo único que importa para mí en ese momento. Implica una *presencia plena* y una plena consciencia de la dignidad de la persona que tengo frente a mí. Esto, independientemente de sus formas de pensar, creencias religiosas, idiosincrasias y demás diferencias que pueda presentar. Implica presencia plena y también apertura al otro.

Ese "dejarme interpelar" es fácil cuando, quien nos interpela, es una persona que tiene ascendiente moral sobre mi persona, o quien tiene autoridad sobre mí, o alguien a quien yo siempre he amado y admirado. Pero cuando el que me interpela es simplemente uno del montón, uno que me ha agredido, uno que me escandaliza con sus comportamientos o que objetivamente muestra desajustes psíquicos, entonces creemos que esas personas pueden ser la excepción a la regla. En esos casos, no creemos que esta o aquella persona sea digna de mi escucha. Sigo citando al Papa que puede ser que aquí nos comience a interpelar al grado de incomodarnos: "Aun las personas que puedan ser cuestionadas por sus errores, tienen algo que aportar que no debe perderse." (EG #236). Siempre me ha llamado la atención, por ejemplo, ver el testimonio que de esto nos da el Papa Benedicto XVI. Desde antes de ser elegido Papa, me gustaba leer sus escritos pues siempre he percibido en él una claridad mental extraordinaria y una gran capacidad para explicar la verdad de tal manera que ésta cae por su propio peso y destruye cualquier oposición sin necesidad de perder la compostura y la serenidad. Después de escucharle hablar, son pocos los que se atreven a seguir alegando. Pero él siempre se mantiene abierto a la escucha. Tanto es así que, una vez elegido Papa, no tuvo miedo de citar en sus documentos papales, incluyendo sus encíclicas como la Spe Salvi (que tienen un mayor peso doctrinal que cualquier discurso, carta o exhortación apostólica) a personajes tan hostiles a la doctrina cristiana como Nietzsche, por poner sólo un ejemplo. ¿Cómo es posible que un Papa del siglo XXI esté citando al autor de aquella famosa frase: "Dios ha muerto, nosotros lo hemos asesinado"? ¿Cómo puede un Papa aprender algo de personas que piensan tan diametralmente distinto, al grado de citarlo en un documento de tanto peso doctrinal? Y hablando de esto, el mismo Nietzsche afirmó que la mejor manera de corromper a un joven es instruyéndolo a que guarde más estima a los que piensan como él que a los que piensan distinto.

Cuánta riqueza se nos va entre los dedos cuando descartamos las aportaciones de los que piensan diferente de nosotros por dejarnos llevar por prejuicios como que la forma de pensar de esa persona es "peligrosa", es "malsana", "nos puede contaminar sin darnos cuenta". De hecho, grandes líderes empresariales afirman que, cuanto más variedad de pensamiento hay en un equipo de trabajo, y cuanto más cada miembro se siente libre para poner su pensamiento sobre la mesa y mezclarlo con el pensar de todos, más inteligentes serán las decisiones que se tomen en ese equipo y, con ello, más posibilidades habrá de obtener el éxito. Los cuatro autores del libro "Crucial Conversations" afirman que las decisiones de un equipo pueden revelar el coeficiente intelectual del equipo como tal. En los institutos religiosos también se pide que cada superior cuente con un consejo, o un equipo formado por miembros de su misma comunidad, y se aconseja que el superior procure elegir a personas que piensen distinto entre sí, de manera que las aportaciones y las decisiones puedan abarcar todos los posibles puntos de vista.

Por otro lado, la norma personalista también implica escuchar a la persona que tengo en frente consciente de su unicidad y peculiaridad. No hay nadie que se le asemeje, no existen recetas hechas para resolver sus dilemas, porque sus dilemas se desenvuelven en un corazón que es único y que merece una escucha y una mirada totalmente personalizada. Esto exige toda mi atención y mi respeto por la persona, pues no puedo saber lo que necesita con sólo escuchar las primeras palabras de su primera oración. Es realmente frustrante cuando quieres abrir el corazón, llegas con una persona y le dices: "estos días me he sentido tan triste y tan cansada…" Y que en eso te interrumpan para darte el consejo para vencer la tristeza, motivándote a descansar mucho, a comer saludable y animándote a sonreír pues la vida es bella. ¿Por qué hay quienes creen saber qué es lo que la persona necesita si ni siquiera han permitido que la persona termine de hablar? ¿Acaso estamos hechos en serie como para que un mismo consejo aplique por igual a todos los que presentan este o aquel síntoma? A veces (de hecho, me atrevería a decir que la gran mayoría de veces) lo más importante que la persona tiene para compartir saldrá de sus labios en la última oración de todo su discurso. Y repito, no basta con hacer silencio mientras la persona habla. Es necesario mantener esa sana tensión en la escucha, en la mirada y en la presencia plena pasta el último momento. Sólo así podremos decir que realmente se generó un encuentro espiritual del que podrán salir frutos de sanación.

Nuestra mirada debe transmitir esa atención y deseo de entrar en el terreno del corazón ajeno: terreno siempre desconocido y, por lo tanto, visto con ilusión por los tesoros que puede esconder; con respeto por lo sagrado que es; con delicadeza para no destruir nada al adentrarnos a explorar; con amor y gratitud por el honor de estar siendo invitados a entrar.

La mirada es superior a la escucha

La escucha requiere de unos oídos atentos, pero sobre todo, de una mirada limpia y profunda. Una vez asistí a un evento en el que un coach de vida dirigió en público una sesión a un matrimonio con muchos problemas. Estaban al borde del divorcio. El coach hizo una pregunta y le dio la palabra a la esposa que había levantado la mano para compartir su respuesta. La pregunta era algo relacionado con problemas de pareja. Ella, desde el momento en que se puso de pie y tomó el micrófono, se puso a despotricar contra su esposo que estaba ahí presente. El coach los mandó llamar al frente. Por la sola manera en la que se gritaban, era fácil reconocer que estaban al borde del divorcio. No eran capaces de escucharse uno al otro: cada uno hablaba desde sus heridas y desde lo que esperaban del otro, pero sus exigencias no parecían encontrar la más mínima resonancia en el otro. El momento en el que finalmente lograron comprenderse uno al otro después de gritos, interrupciones, llantos y reproches, fue cuando el coach le dio la palabra a la mujer, y le aconsejó al hombre que tratara de entrar en el corazón de su esposa por medio de sus ojos. Cuando ella empezó a hablar, inmediatamente pasó de una forma de expresarse más o menos educada al reproche continuo por todas sus humillaciones y malos tratos. El coach, como no queriendo interrumpir, comenzó a hablarle al oído al esposo, como no queriendo interrumpir el monólogo de la esposa, aunque todos podíamos escuchar en el micrófono lo que le decía al oído y, de hecho, la mujer seguía hablando desahogándose. Le aconsejó que tratara de descubrir cuáles eran los sentimientos que la movían a decir lo que estaba diciendo. La mujer le decía que se sentía abandonada y utilizada, que a veces pensaba que la única diferencia entre ella y una prostituta era que no le pagaba al terminar el acto sexual. El coach le dijo: "no importa tanto lo que dice como lo que siente y que le lleva a decir esas cosas... escucha su corazón." Ella, mientras tanto, seguía hablando y llorando. Fue evidente y drástico el cambio de postura que tomó el esposo. Antes de ese consejo, la escuchaba como uno cansado de escuchar una y otra vez lo mismo. Después de ese consejo, se acercó a ella sin quitar la mirada de sus ojos, logró penetrar en su corazón hasta sentir (y de hecho expresar en todo su lenguaje corporal) la profunda compasión que le daba ver ese corazón herido y el dolor de constatar que era él quien ocasionaba ese dolor en ella. Ella se soltó llorando, él la abrazó y ella se dejó abrazar. Así se quedaron por algunos minutos. El público les empezó a aplaudir y a chiflar. Él lloró con ella por primera vez y, frente a todo el público le dijo que ahora entendía muchas cosas y le pidió perdón por todas sus faltas y atropellos. Ella reconoció en público que era la primera vez que se sentía profundamente escuchada y comprendida.

En ese caso me di cuenta cómo la mirada puede ir más hondo de lo que puede alcanzar el oído. De hecho, al coach no le importó entrometerse en la discusión ocasionando que el hombre se distrajera un poco de lo que ella le decía, porque sabía que en los ojos iba a poder escuchar todo ese discurso, y muchísimo más.

Los ojos más que los oídos, son los órganos más óptimos para escuchar, porque la mirada escucha no sólo las palabras sino la totalidad de la persona. Dado que en la mirada se entrelazan el alma y el cuerpo, como vimos en el primer capítulo, por medio de ella puedo escuchar no sólo las palabras, sino el mensaje que la corporeidad entera de la persona me está queriendo transmitir. En la mirada también puedo escuchar las emociones que se esconden en la interioridad de la persona. La mirada llega a donde los oídos no pueden llegar.

Por otro lado, lo que ven los ojos con la mirada es siempre más acertado que lo que oyen los oídos con la escucha, dado que las palabras sufren más la influencia de la mente que suele racionalizar las circunstancias y las emociones mucho más de la cuenta. En cambio, la mirada es más propensa a dejarse influenciar por el corazón que por el racionalismo. Los ojos tienen una mayor capacidad de conectar con el corazón que la que tienen los oídos y, dado que el corazón es la sede del amor, es más fácil llegar a la comprensión del otro si se aplican los ojos junto con los oídos. No digo que la mirada baste: también es necesario escuchar, pero la escucha es igualmente insuficiente si la mirada no refleja una presencia plena. Los oídos, por muy atentos que estén, no tienen la capacidad de mostrarle a la otra persona que está siendo escuchada y acogida. En cambio, los ojos sí pueden transmitir ese mensaje y recordemos que ese mensaje es, en la mayoría de los casos, el gran mensaje que las personas necesitamos recibir al ser escuchadas.

La mirada, por lo tanto, tiene la capacidad de apaciguar el enojo de quien habla, pues por medio de la mirada podemos llegar al corazón de la otra persona y comprenderla desde dentro. Normalmente, cuando una persona está enojada es porque ha hecho más caso a lo que le dice la mente que a lo que le dice el corazón y tal vez ha escuchado con mucha atención a la otra persona, pero no ha sabido mirarla desde el corazón. El enojo nos lleva a buscar argumentos en contra y por eso la escucha se puede volver muy aguda, pero mientras no se profundice en el corazón del contrincante, será imposible que esa escucha aguda se ponga al servicio de la reconciliación y el perdón.

Sí, el enojo siempre tiene como raíz una buena y noble intención y es ésta la que estamos llamados a mirar, más que el enojo, que es tan sólo el brote silvestre de esa raíz que no fue plantada en tierra fértil. ¿Por qué digo esto? Te invito a hacer un ejercicio de introspección para verificar si esto es verdad. Trata de recordar cuándo fue la última vez que experimentaste un fuerte enojo. Trata de recordar el enojo más grande que hayas tenido hasta el momento. ¿Qué te hizo enojar tanto? ¿Quién causó ese enojo? Si pudieras visualizar ese enojo en tu cuerpo, ¿en qué parte del cuerpo lo focalizarías? ¿En dónde sientes el enojo? Puede ser en la cabeza, en la garganta, en el vientre... al menos ésas son las respuestas más comunes. Si es necesario detén la lectura y trata de recordar en qué parte del cuerpo reside tu enojo. Una vez que logres localizarlo, cierra los ojos e imagina que es una esfera que pesa en tu interior, en esa parte donde lo localizaste, sea cual sea; imagínalo algo así como si fuera un tumor que te está carcomiendo por dentro. Imagina que puedes arrancarlo de ese lugar y sujetarlo con tus manos. Contémplalo. ¿De qué color te lo imaginas? ¿Cómo es? Tómalo entre tus manos con respeto y dile: "Gracias enojo, porque tu existencia me hace ver que tengo un tesoro que es tan precioso para mí, que lo defendería con las garras y hasta con la muerte, y por eso apareciste tú, porque percibo que mi tesoro está en peligro. ¿Cuál es ese tesoro por el que te brota ese enojo?

Dijo Jesús en el Evangelio de San Mateo: "Donde está tu tesoro, ahí está tu corazón". Y ciertamente, el espacio en el que radica mi gran tesoro -que siempre termina siendo mi corazón-, se convierte en un lugar sagrado, un santuario interior. Si alguien ataca ese tesoro, está atacando el santuario de tu corazón. Por eso brota el enojo. Vale la pena preguntarte: ¿cuál es tu tesoro, ese tesoro por el que sacas las garras y eres capaz de defender y atacar con todos los recursos a tu alcance? Podríamos ahondar muchísimo en el tema del enojo, pero estaríamos desviándonos del tema central: hay que aprender a descubrir en las personas cuál es ese tesoro por el que han sacado las garras y han reaccionado con formas tal vez agresivas. Ese tesoro en el corazón del otro, no siempre se alcanza a apreciar con los oídos, requiere del poder de la mirada.

La mirada del ingenuo atrevimiento

Con algunas experiencias que voy a contar, he descubierto un poder secreto que tenemos en la mirada, y es el poder de la mirada que nace de un ingenuo atrevimiento. Recordemos que, al hablar de atrevimiento aquí, es necesario enraizarlo en la humildad y en la nobleza para que quede bien entendido. Si no, podría llevarnos a cometer muchas imprudencias y no es lo que pretendo con estas reflexiones.

Este ingenuo atrevimiento aplica especialmente cuando nos encontramos con personas que no son conscientes de su propia dignidad y, como consecuencia, mucho menos lo son de la dignidad de las personas con que se encuentran a diario. Es indispensable mantener siempre presente la dignidad de la persona que tengo frente a mí y que merece ser escuchada y acogida. Cuando entramos en el calor de una discusión, fácilmente olvidamos esto y parecería que comenzamos a lidiar con perros a los que se les tiene que gritar y patear para que entiendan.

Pongo un ejemplo aparentemente salido del tema pero que nos puede iluminar mucho en este tema: siempre que voy manejando - especialmente me ha pasado en ciudades grandes como México, Bogotá y Roma- las calles llenas de carros parecen una selva en la que el principio es "sálvese quien pueda". Los carros se te lanzan, no te dejan pasar, se te meten y, si no tomas la misma postura, será imposible que llegues a algún lado. Pero he descubierto un truco que me ha ahorrado muchos corajes y también mucho tiempo en mis trayectos de un lugar a otro: al ir manejando, cuando me surge la necesidad de que alguien me deje pasar, en lugar de echarle el carro encima para lograr meterme en la fila aunque me pite y me grite, más bien busco atraer su mirada y generar el contacto visual. Una vez que se cruzan nuestras miradas, le pido con una sonrisa inocente si me deja pasar. Es infalible: después de haber logrado el contacto visual -que no siempre es fácil porque es evidente que muchos lo evaden- no hay quien se niegue. En ese momento como que caemos en la cuenta de que, lo que tenemos en frente, no es simplemente "un carro", sino una persona que tiene una necesidad igual que yo.

Y es que hay personas que no tienen consciencia de su propia dignidad y se comportan como animales. Pero cuando alguien les trata como personas y no como animales, parecería que recapacitan y corrigen su comportamiento. Ellos podrán mirarme como un objeto, pero al yo devolverles una mirada humanizada y humanizadora, entonces recapacitan, como si se les cayeran las escamas de los ojos y comenzaran a actuar de manera humanizada.

Pongo otro ejemplo que posiblemente hará reír a mis lectores: Una vez iba yo caminando por la calle. Estaba yo en un país de Latinoamérica, donde los hombres suelen cortejar a las mujeres que van pasando, en formas casi siempre vulgares, aunque muchas veces simpáticas. En esta ocasión, no faltó el señor que fijó su mirada en mí. O más bien, no me miró *a mí*, sino que miró algunas partes de mi cuerpo, por delante y por detrás. Cabe aclarar que yo iba muy bien vestida (con la modestia y elegancia sobria que caracteriza a las consagradas del Regnum Christi), pero es que hay hombres que parecería que tienen la capacidad de desnudar con la mirada a cualquier mujer y de eso ninguna se salva: gordas, flacuchentas, feas o bigotonas... no importa, todas son, como ellos nos llaman, *mamacitas*. El caso es que iba yo caminando por una calle y un hombre fijó sus ojos en mi cuerpo exclamando lo suficientemente fuerte para asegurar que yo le escuchaba: "Ay mamacita, ¿a dónde tan solita y tan bien vestidita?" Personalmente, tengo que confesar que este tipo de comentarios me causan más risa que enojo. Sin embargo, siempre hasta ese momento había respondido simplemente ignorando por completo el comentario y siguiéndome de largo. En esta ocasión, por alguna razón se me ocurrió responder de manera distinta. A los pocos segundos de pasar de largo, regresé por donde venía y me le paré en frente al señor. Mirándolo a los ojos queriendo reflejar cierta ingenuidad alegre e inocente, le dije: "Buenas tardes señor, ¿cómo está?" Esperé a que me respondiera. Él se quedó atónito, pero después de algunos segundos logró responder: "Bien señora." Continué la breve conversación diciéndole: "Oiga, quiero que sepa que soy consagrada, algo parecido a las monjitas, y voy a rezar por usted, por sus necesidades y por todo lo que pueda estarle preocupando. ¡Dios lo bendiga!" El señor no podía creer lo que escuchaba. Parecía como haber caído en la tierra después de un largo viaje. Fue entonces que me miró a mí: ya no a ciertas partes de mi cuerpo sino a mí, y a mí como persona, no como objeto sexual. Me dio las gracias y me dijo que por favor rezara, que en su familia había muchos problemas. Podría haberme quedado más tiempo para preguntarle más de esos problemas, pues lo vi como queriendo que le preguntara más. Sin embargo, no lo vi ni prudente ni necesario. Ya había hecho mucho más que suficiente para recordarle su dignidad -y también la mía-.

Ha habido quienes me han dicho que me metí en peligro. A decir verdad, he lidiado con personas mucho más violentas. Después de visitar las calles más peligrosas de Medellín a media noche para dar de comer a los habitantes de la calle; después de abrazar a una prostituta frente a su proxeneta que observaba cada uno de mis movimientos, el dirigir unas palabras a un señor que me echa un piropo vulgar es pan comido. Y es que explorar todo lo que puedo alcanzar con mi mirada se ha vuelto toda una aventura en mi vida. Es un reto, ciertamente, pero también es un refugio, pues sólo en lo que la mirada me ofrece me siento segura. Prefiero convivir con el hombre que descubrí después de que mi mirada lo tocó, a tener que lidiar en el mundo con hombres que olvidan que son hombres y tratan a las mujeres como cosas al servicio de su lujuria.

En otra ocasión, tuve una experiencia realmente transformante y conmovedora gracias a ese ingenuo atrevimiento. Me fui de misiones a un pueblo con un grupo de unas 12 ó 13 adolescentes entre los 14 y los 16 años de edad. Nos hospedamos en la escuelita del pueblo que quedaba al final de una calle más o menos solitaria y que estaba frente a una tienda que surtía cervezas a todo el pueblo. Como es de suponerse, los hombres solían congregarse todas las tardes afuera de la tienda. Pero estos no me causaron risa como aquél señor que me lanzó el piropo en la calle. Se trataba de un grupo de jóvenes que la gente del pueblo no sabía qué hacer con ellos. Era la pandilla del pueblo, formada por unos 7 u 8 jóvenes de unos 19 ó 20 años de edad. Tomaban todos los días y nos veían pasar cada vez que entrábamos y salíamos de la escuelita, con miradas que cada día se volvían no sólo más vulgares sino ofensivas. Empezaron a generar mucho miedo en las misioneras, pero no había nada que hacer.

La noche del jueves santo, noté al entrar a la escuelita, que ya estaban bastante tomados. Llamé a la policía del pueblo y les pedí que estuvieran al pendiente. Efectivamente, esa noche los jóvenes intentaron entrar a la escuela. Por fortuna, la policía llegó justo a tiempo y les advirtió que estaban en la mira. Al día siguiente, viernes santo, nos alistamos para ir a la procesión del *Via Crucis* y, vaya sorpresa que nos dimos, cuando vimos que los jóvenes estaban afuera de la escuela esperando a que saliéramos. No había manera de esquivarlos y tampoco había gente a la que pudiéramos acudir para pedir ayuda. Llamé a la policía y esta vez no me contestaron. Me encontré en una encrucijada: si nos quedábamos solas en la escuela, corríamos peligro de que entraran e hicieran con nosotras lo que quisieran, pues la poca gente que había a los alrededores iría a la procesión. Enfrentarlos al salir a la calle podía significar poner en riesgo a las niñas. ¿Qué podía yo hacer estando a cargo de las niñas? Decidí aplicar la teoría del ingenuo atrevimiento (que en aquel momento no alcanzaba a conceptualizar). Simplemente pensé en salir con bandera de tonta y tomar el riesgo en primera persona. Tomé algunos de los folletos que teníamos para promover el *Via Crucis* en el visiteo de las casas y salí al encuentro de los pandilleros. Las niñas me miraban rezando desde el jardín de la escuelita, listas para que, en cuanto les diera luz verde, salieran a paso presuroso hasta llegar a la primera casa donde alguien nos pudiera socorrer en caso de necesidad. Las piernas me temblaban y sentí el miedo que me imagino sienten los que caminan hacia el martirio.

Ahora que lo recuerdo, pienso que pocas veces en mi vida había sentido tanto miedo como en ese momento. Conforme me iba acercando a ellos, los jóvenes se fueron enderezando, sorprendidos de que, lejos de huir, me les estaba enfrentando. Vi que uno de ellos comenzó a tomar una postura retadora y me miraba con altanería conforme yo me acercaba al grupo. Sin embargo, conforme me iba yo acercando con una sonrisa en mis labios me di cuenta de una cosa: el resto del grupo, en lugar de lanzar miradas retadoras y maliciosas como habían hecho hasta el momento, me miraban más bien con sorpresa y algo de curiosidad en sus ojos y en toda su expresión corporal. Me metí al círculo que formaban entre ellos y los saludé con la misma naturalidad con la que saludaba a los viejitos del pueblo. Todos me miraban estupefactos sin pronunciar una palabra. Me dirigí entonces al que siempre me había parecido el lidercillo de la banda y que era el único que me miraba con desprecio y como queriendo causarme temor. Le comenté del *Via Crucis* que íbamos a tener, le dije que todos estaban invitados y no había nadie que debiera sentirse excluido. Según lo que recuerdo, les dije que Jesús los amaba así, tal como eran, y que le harían muy feliz y consolarían mucho su Corazón si se animaran a ir a la procesión. Con una sonrisa y buscando un cruce de miradas, le dejé al líder los folletos, dándole una palmada en el brazo. Ya que vi que estaban como confundidos, le hice seña a las niñas para que salieran. Ellas inmediatamente salieron y se fueron casi corriendo a la casa más cercana. Un señor las recibió y desde la distancia me cuidaban con la mirada mientras yo caminaba hacia ellas.

La sorpresa que me di fue que, cuando ya me iba alejando de los muchachos, escuché pasos detrás de mí. Sentí que las piernas me iban a fallar por la adrenalina y las ganas de simplemente echarme a correr sin mirar atrás, pero en ese momento alguien me detuvo del brazo. Volteé y vi que era el mismo joven al que le había entregado los folletos. ¡Sentí que moriría en ese momento! No me lastimó, pero sí puedo decir que me tomó del brazo con firmeza. Qué conmoción fue la que experimenté en todo mi cuerpo cuando vi que esta vez, solo, sin la presión de sus amigos, sí pudo mirarme a los ojos. Así, sin más, me preguntó: "Hermana, ¿qué tienen usted y sus niñas en los ojos que yo no tengo? Dígame, porque yo quiero tener eso que tienen ustedes." Me dieron ganas de abrazarlo, de llorar con él, de festejar y llamar a todas las niñas, pero supe que sus amigos lo observaban curiosos tratando de imaginar qué era lo que me estaba diciendo. Por respeto a él y para no dejarlo en ridículo, contuve mi conmoción y simplemente le invité a venirse conmigo. En el camino le fui contando un poco lo que hacíamos y la razón por la que era -y sigo siendo- una mujer tan feliz. Le aconsejé ir a hablar con el Padre, confiado en que encontraría el perdón de Dios, sin importar cuáles hayan sido sus pecados. Ese día en la noche fue a confesarse con el Padre. A partir de ahí, parecía un hombre nuevo. No miento cuando digo que realmente la mirada le cambió. Las niñas también lo notaron. Desde ese día no se nos despegaba; nos acompañaba a misionar, se quedaba jugando voleibol con nosotras y nos protegía de sus amigos que obviamente lo molestaban con comentarios humillantes a distancia, pero él sólo se reía y les decía que más tarde se les uniría.

Desde entonces y con todas estas experiencias y muchas otras pequeñas y grandes que he seguido teniendo en mi vida consagrada, vivo convencida de que ese ingenuo atrevimiento en la mirada y en los actos es la mejor manera de derrocar al enemigo. No porque lo aplaste o aniquile, sino porque lo desarma. Requiere valor y tal vez un poco de espíritu aventurero, pero cuando uno vive para amar, la vida entera se vuelve una aventura. Ya no hay riesgos que uno no esté dispuesto a tomar, pues ha probado las delicias del amor verdadero, el amor que pasa por la cruz y el abandono confiado en manos del que todo lo puede.

Mirar desde el corazón ajeno

Muchas veces sufrimos graves atropellos por parte de las personas a quienes más queremos y necesitamos purificar la mirada para poder sanar las heridas que las ofensas han dejado. Esto no siempre es fácil, pero será menos difícil si prestamos nuestros ojos para ver e interpretar la historia desde la perspectiva del otro. Con esto, no quiero decir solamente que es necesario ponernos en sus zapatos, tratar de entenderle, justificarle buscando cuáles podrían ser sus buenas intenciones. Sí, todo esto es muy válido, pero muchas veces es insuficiente. Mirar las cosas desde el corazón ajeno implica hacer un ejercicio que puede llevarnos incluso a agradecer que las circunstancias se hayan dado de esa manera. Es un ejercicio que tiene tres pasos y que, si se sigue con verdadera reflexión e introspección, puede catalizar el proceso de sanación de heridas que parecían incurables. Antes que nada, será necesario hacer este ejercicio en un lugar en el que puedas explayarte a solas, sin interrupciones y sin que ninguna mirada te intimide. Busca un espacio en el que puedas acomodar tres sillas, o tres espacios en los que tres personas distintas puedan sentarse y dialogar juntas.

El primer paso consiste en ver la historia una vez más desde tu propio corazón. Siéntate en la silla que elijas para ti. Piensa por un momento en la persona que más te ha herido en tu vida e imagínala sentada en la otra silla que elijas para él o ella. En la tercera silla trata de imaginar que está sentado Dios o, si prefieres, alguna otra persona en la que confíes plenamente como para invitarla a las conversaciones que estás por comenzar.

Una vez que cada personaje está en su lugar, trata de pensar: ¿qué es lo que esa persona hizo o sigue haciendo que te hiere tan profundamente? Trata de recordar algún momento, alguna escena concreta en tu pasado, que pueda representar claramente aquello que tanto te lastima en la relación. Cierra los ojos y pinta la escena en tu mente como si fuera el presente: ¿quiénes estaban presentes? ¿Qué hizo tu agresor y cómo respondiste a su ofensa? Cuéntale la historia a Dios o a quien hayas sentado en la tercera silla. Procura considerar, no sólo los hechos, sino también -y principalmente- los sentimientos que fueron brotando en ti a cada paso, las heridas que se generaron y el dolor que te causó. Cuéntale qué habría tenido que pasar para evitar esta herida que quedó en tu alma. Cuéntate a ti mismo y a tu testigo/amigo las cosas que sigues sin entender y las consecuencias que se han derivado en tu vida a raíz de ese momento. Tal vez ahí nació en ti un complejo que hoy no te permite realizar tus sueños; o tal vez ahí nació una desconfianza muy grande hacia las personas que te aman, o se construyó una barrera que no te permite expresar tus emociones y ser tú mismo... pueden ser muchas las consecuencias. Lo importante es que pienses en esa herida concreta que llevas cargando desde ese momento y que se la cuentes a esa tercera persona.

El segundo paso consiste en ver la historia desde el corazón de la persona que te ofendió. Primero piensa en esa persona: ¿crees que es una persona feliz? Imagínala sentada en su silla y mírala a los ojos. ¿Crees que fue sinceramente feliz en ese momento? ¿qué le pudo haber llevado a actuar de esa manera? Pero esto no es suficiente. Tienes que ir más a fondo en esta reflexión. En este momento será importante que cambies de papel. Piensa que, por un momento, tú eres esa persona. Siéntate en su silla para separar con más claridad los roles. Cierra los ojos y trata de imaginar que tú eres esa persona que tanto te ofendió. Trata incluso de sentarte como se sienta esa persona, trata de pensar como él o ella piensa, trata de ver el mundo desde sus ojos y desde su corazón. A partir de este punto del ejercicio, no eres tú y no voy a hablarle a la persona que está leyendo este libro, sino a la persona que le agredió. Cuéntale a Dios la misma historia desde tu punto de vista y especialmente desde tu corazón. Detén la lectura si es necesario. Comienza desde el inicio, no te saltes ningún paso. Cuéntale qué fue lo que pasó, cuál fue tu reacción, qué sentimientos brotaron en tu corazón a cada paso. ¿Por qué actuaste de esa manera? ¿Por qué no actuaste de alguna otra manera? ¿Qué te frenó? ¿Cómo te sientes ahora con el paso del tiempo? Sincérate y contesta desde el fondo de tu corazón. ¿Qué le dirías a esa persona a quien ofendiste si la tuvieras frente a ti en este momento y no pudieras negar lo que sientes en el corazón? Díselo, no tengas miedo. Aquí está escuchándote. Mírale a los ojos y trata de explicarle tus razones desde el fondo de tu corazón. Si es necesario, escríbele una carta.

Ahora puedes volver a ser tú mismo, querido lector. Antes de pasar al tercer paso del ejercicio, te invito a hacer una reflexión que posiblemente requerirá mucha virtud, pero que seguramente valdrá la pena. Trata de pensar cuál es la virtud que nació en ti a raíz de esa herida. Es bueno reconocer que lo que no nos mata nos hace más fuertes. ¿En qué sentido crees que esa herida te ha hecho más fuerte? ¿Podrías decir que de esa herida has sabido sacar lo mejor de ti mismo? ¿en qué aspectos? Piénsalo y detén la lectura si es necesario. Esto es importante detectarlo también, puesto que las heridas, precisamente porque hieren, nos hacen más fuertes en algunos campos de nuestra vida. Mira tu herida, incluso trata de imaginarla en alguna parte del cuerpo, en donde más se ajuste al dolor que llevas dentro. Mira esa herida y agradécele, porque su presencia ha sacado lo mejor de ti y te ha hecho desarrollar otros dones que tal vez jamás habrías desarrollado si no hubiera sido por ella. ¿No es verdad que esa virtud es casualmente lo que más admiras de ti mismo? ¿No ves ahí alguna coincidencia que pueda llevar a ver aquél evento como un momento providencial en tu vida? Tal vez incluso debas agradecer a la vida por ese momento que llevas cargando como si fuera una carga inútil y estéril.

El tercer paso consiste en mirar y contar la historia desde los ojos y el Corazón de Dios, que estaba también presente en ese momento y que está sentado en esa tercera silla. Piensa por un momento (¡sólo por este breve momento!) que eres Dios y le vas a contar la historia a esa persona que está leyendo este libro. Cuéntale Dios, todo lo que Tú viste y permitiste. Cuenta desde el inicio todo lo que fue sucediendo, y qué sentimientos brotaron en tu Corazón a cada paso de la historia. Cuéntale por qué no impediste que los hechos terminaran como terminaran, si Tú eres un Dios bueno. ¿Qué sientes al ver hoy a las personas involucradas en esa historia? Cuéntale qué planes tenías y sigues teniendo para sus vidas a raíz de esa experiencia. Cuéntale por qué era necesario que pasara eso, cuéntale el para qué de la historia, ese para qué que ellos aún no alcanzan a ver.

Bien, puedes ahora dejar de ser Dios y vuelve a ser tú mismo. Ahora que has visto la historia desde los corazones del otro y de Dios, reflexiona: ¿son iguales las historias? ¿Qué cambia? ¿Cuál te ha gustado más? ¿Cuál de las tres te ha ayudado más y crees que tiene el potencial de sanarte y de sacar lo mejor de ti mismo? Pues bien, te invito a que te quedes con esa historia. Cuando sufrimos experiencias negativas, lo único que queda -o que debería quedar- de ellas con el paso del tiempo es la virtud y todo lo bueno que de ellas podemos sacar. Cuéntate la historia que más te ayude a sacar de ella todo el bien posible y aprende la lección: es bueno aprender a mirar la vida con otros ojos y es bueno que vayamos limpiando nuestros ojos y liberándolos hasta que se habitúen a interpretar el mundo con esa nueva mirada que sabe quedarse sólo con lo bueno de cada acontecimiento.

IV. CONCLUSIÓN: LA ÚLTIMA MIRADA

Llegando al final de este libro, no puedo no dirigir mi mirada a la Virgen María. Muchas veces, imaginando cómo habrá sido ya viejita, a punto de ser asunta al cielo, me conmueve pensar en lo que habrá pasado por su corazón recordando todo lo que vivió al lado de Cristo y, después, al lado de los Apóstoles y viendo nacer las primeras Iglesias. Su mirada habrá recorrido con su memoria todos los momentos alegres y los momentos tristes. Habrá recordado lo mucho que sufrió toda su vida, y lo mucho que las profecías de las escrituras oscurecían también los momentos alegres. Ella, desde antes del nacimiento de Cristo, sabía que el Mesías tendría que sufrir mucho, que sería el varón de dolores, acostumbrado al sufrimiento (Cfr. Is. 53, 3). Durante su embarazo, mientras veía su pancita crecer y sentía las pat015 del pequeño redentor, al mismo tiempo veía en su mente la sombra de aquella espada que atravesaría su corazón y se angustiaba por pensar qué significaría aquello en la vida de su hijo. Sabía, por la profecía de Simeón, que su hijo sería signo de contradicción, y que a ella una espada le atravesaría el corazón (Cfr. Lc. 2, 34-35); al momento del nacimiento de Jesús, le embriagaba la alegría de finalmente tenerlo entre sus brazos, pero también le habrá triturado el corazón pensar que ese bebito tan frágil, tan inocente, tan tierno, tendría que cargar con los pecados de toda la humanidad y ser triturado como la uva en el lagar. Mientras veía a Jesús crecer, experimentaba la dicha de su presencia en su hogar, pero al mismo tiempo sufría por el sólo pensamiento de que algún día se le iría de su regazo y habría que sufrir lo insufrible. Ya ella llevaba con Él el peso de la humanidad. Toda la vida estuvo comprometida en sacrificio con la misión de su Hijo. Nunca se desafanó, simplemente no podía. El amor de Madre la mantuvo siempre doblegada a las exigencias de ese mismo amor que tanto sentido le daba a toda su vida. Amor que le alegraba, y amor que le hería. Luego, en el momento culminante de la cruz, ¡cuántas lágrimas habrán derramado sus ojos! Hay teólogos que piensan que no lloró y otros que afirman que sí tuvo que haber derramado lágrimas. Yo no soy teóloga, pero pienso que sí tuvo que haber llorado, pues las lágrimas son signo de un corazón que está vivo y que se reconoce pequeño y humilde, vulnerable y necesitado. María era la humilde esclava del Señor. Tuvo que haber llorado empatizando y sintiendo profundamente con su Hijo y con los pocos amigos que se atrevieron a seguir a su Maestro por el camino al Calvario.

María, al final de su vida, recordaba todos estos sucesos. Recordó seguramente aquel momento de la Resurrección: aquella mirada tan bella y limpia de su Hijo vencedor. ¿Cómo habrá sido ese cruce de miradas? ¡Cuántos sufrimientos habrán encontrado todo su sentido y su razón en esa mirada! Y cuánto esa mirada habrá resucitado también el Corazón de María que, aunque lleno de esperanza, sentía el peso de la soledad, especialmente después de la Ascensión de su Hijo al cielo. Gracias a esa mirada, María supo que todo, absolutamente todo había valido la pena. Por esa mirada, sabía que no habría cambiado nada si Dios le diera la oportunidad de rehacer su vida. Por esa mirada, las heridas quedaron en el pasado, crucificadas para siempre, vencidas para siempre.

Por esa Mirada, María, al final de su vida, pudo voltear para atrás y decir: "Todo está cumplido" y expirar su último respiro en esta tierra. Por esa Mirada, su propia mirada fue también transfigurada y con esos ojos resplandecientes nos mira desde el cielo animándonos a no desfallecer, inspirándonos la certeza de que, al final, también habremos de comprender lo que ahora queda oculto a nuestros ojos.

¿Cómo será mi mirada el último día de mi vida? Cuando me pongo a pensar en el día de mi muerte, me gusta imaginar que, al voltear atrás y mirar mi historia, pensaré que todo ha valido la pena. Quiero pensar que en mi mirada habrá sólo gratitud y un deseo inmenso de encontrarme con La Mirada. Muchas veces, cuando me encuentro a mí misma preocupada o alterada por alguna circunstancia estresante, me pregunto: "Esto, al final de mi vida, ¿tendrá el valor que le estoy dando ahora? ¿será tan importante como para que en este momento me esté angustiando de esta manera?" Siempre termino contestando que no y entonces miro las circunstancias con otra actitud que, por cierto, me hace más capaz de afrontarlas de la mejor manera posible. ¿Qué pasaría si hiciera el hábito, como la Virgen María, de mirar los eventos actuales desde la mirada del último día de mi vida? ¿Qué cambiaría? ¿Viviría mi vida de la misma manera, tomaría las mismas decisiones y respondería de la misma manera antes las adversidades que la vida me va presentando?

Que La Mirada que siempre nos mira sea siempre el faro que ilumine, limpie y purifique nuestros ojos hasta el punto de que aquella mirada que anhelamos tener el último día de nuestras vidas, sea la mirada con la que miro a cada persona, cada suceso, cada historia, cada mirada.